André Lannes

Essai scientifico-philosophique

Penser le monde

sachant ce que l'on sait et qu'on ne sait pas

aujourd'hui

2020

Table des matières

◢ **Préface**

Je n'ai d'autre titre à préfacer cet ouvrage savant et rude que l'amitié que me fait André Lannes de me le demander.

Je l'ai connu, en tant que collègue conférencier, dans le cadre de deux colloques interdisciplinaires présidés par Henri Callat à Carcassonne : en 2016 « De la violence du monde », et en 2015 « Le temps des fraternités ». Ce Sisyphe de l'engagement et de la désillusion réunissait des humanistes, simples curieux ou militants, pour revisiter ces problèmes avec l'éclairage des savoirs d'aujourd'hui. André Lannes y apportait le regard du physicien, y faisait mesurer le monde de l'histoire à l'échelle du temps et ses dimensions à celles de l'Univers, resituait l'homme d'aujourd'hui dans l'aventure des hominidés et le rattachait à la réalité sous-jacente du tourbillon quantique constitutif du monde et de la vie.

Agrégé en sciences physiques, puis docteur d'État en microscopie électronique, il fut ensuite Directeur de Recherche au CNRS dans le département des Sciences de l'Univers, et 4 ans Directeur-adjoint du Laboratoire d'Astrophysique de Toulouse au sein de l'Observatoire Midi-Pyrénées.

Ses recherches sur la relation objet-image et les limites de son inversion ont débuté lors de son année sabbatique à l'Université de Berkeley ; elles se sont ensuite poursuivies vers tous les aspects de reconstruction d'image, en astronomie et en géophysique notamment. Elles interrogeaient ainsi l'évidence de nos perceptions.

Ses réflexions sur les problèmes de l'humain s'appuient, autant que faire se peut, sur les grandes avancées de la pensée scientifique du XXᵉ siècle et sur l'étendue de ses recherches interdisciplinaires ; elles questionnent certitudes, représentations et valeurs que chacun, à des degrés divers, porte en soi.

Sa démarche me faisait penser à celles des « physiciens » ou « physiologues » grecs, qui dès le VIᵉ siècle avant notre ère cherchaient des causes naturelles aux phénomènes, comme ANAXIMANDRE qui faisait de *l'apeiron* (l'indéfini) *l'archê* (le principe) de toute chose. La physique quantique est pour André Lannes cette *archê*. Et de même que la philosophie des « physiologues » tournait le dos aux mythes et au surnaturel, et qu'ÉPICURE au IVᵉ siècle avant notre ère liait physique et éthique, André Lannes, à la manière de LUCRÈCE, le grand admirateur d'ÉPICURE, traite à la lumière de la physique quantique, les questions complexes de la connaissance, du comportement individuel ou collectif, de l'organisation sociale et d'un possible bien-vivre humain.

Cette démarche a guidé l'élaboration de l'essai scientifico-philosophique Penser le monde aujourd'hui. C'est un moderne *De rerum natura* fondé sur l'inversion de l'allégorie platonicienne de la caverne : la pénombre tapie au fond de la Nature en est le réel et la lumière extérieure de sa surface l'apparence.

Le lecteur y trouvera, construit avec un souci très pédagogique, un exposé des notions fondamentales issues de la révolution scientifique, et en découvrira le contre-coup sur nos idées et nos représentations. L'instabilité sinon la fantaisie du quantique entraîne un autre regard sur le mal, la violence et les désordres de la Nature et de l'humain, les inégalités, le paranormal ou l'inattendu : sommes-nous totalement déterminés et nos idées de volonté, liberté, responsabilité, égalité, progrès … ne sont-elles que de vains mots ? Elle jette un soupçon supplémentaire sur la formation du jugement et de la pensée, et suscite le pessimisme sur notre maîtrise de la civilisation :

un retour par la science au tragique ! Ainsi André Lannes, en bon lecteur de Spinoza, exprime-t-il une défiance radicale face à toutes les doctrines, politiques, économiques, théologiques, avec une sévérité particulière pour les religions dont il a vécu, adolescent, le dionysisme des charismatiques dans un environnement mystique exacerbé.

Heureusement, l'auteur discerne dans ce sombre tableau, quoique minoritaires et partielles, quelques lueurs d'espoir. Les potentialités du quantique peuvent aussi générer des réalisations harmonieuses dans tout ce qui touche à l'art, à la spiritualité ou aux vertus. L'évolution, des hominidés à l'homme d'aujourd'hui, où l'épigénétique inscrit ces réalisations, fonde déjà cet espoir. Et l'humble chercheur, qui sait que nous ne connaissons probablement que moins de 5% des choses de la Nature et du vivant, et qui fait au doute une très large place, exprime pour finir, en homme, une attente. À la fois musicien sensible aux interactions émotionnelles, et scientifique pénétré de la beauté des mathématiques et de la physique théorique, l'auteur croit en effet en une réaction systémique contre les ressorts dévorants de notre modernité technique pour inscrire peu à peu dans notre patrimoine génétique de nouvelles harmonies.

Le riche concept d'« inabouti » et la belle image giralducienne de l'aurore rejoignent une allégorie inspirée par Homère à Hésiode, celle de la jarre qui, tous les maux échappés, renferme encore *l'elpis*, l'attente ou l'espérance.

Lucien Bordaux
Maître de conférences honoraire
à l'Université Toulouse – Jean Jaurès

◤ Remerciements

De nombreux échanges ont animé l'écriture de cet essai de vulgarisation scientifico-philosophique.

Je voudrais tout d'abord remercier notre aîné Lucien Bordaux qui a lu l'ensemble du document et rédigé sa préface. Ses remarques très judicieuses concernant en particulier les présocratiques, l'époque hellénistique et certains textes du Nouveau Testament ont été vraiment enrichissantes.

Mon collègue José-Philippe Pérez m'a fait part de ses commentaires sur les aspects de vulgarisation scientifique impliquant la relativité générale et la physique quantique. Je le remercie vivement en pensant notamment à nos cheminements scientifiques complémentaires, et ce, depuis l'agrégation en sciences physiques et nos thèses respectives en microscopie électronique.

Nous avons eu aussi de nombreuses discussions avec Franc Bardou concernant, en particulier, les concepts de l'Être, l'âme et l'esprit tels qu'ils sont précisés dans le corps du texte. Qu'il en soit chaleureusement remercié.

Henri Callat nous a quittés récemment. Nous qui venions d'horizons très différents, il nous avait rassemblés ; il voulait nous voir débattre de tout ce que nous pouvions penser du monde et de la vie. C'est donc à lui que nous pensons en écrivant ces lignes.

◤ Avant-propos

S'interroger sur les concepts liés aux choses de ce monde est un lourd privilège de la condition humaine ; c'est un privilège car pour cela, il faut bien sûr n'avoir ni faim, ni soif, ni trop mal aux dents. De plus, il semble aussi indispensable de disposer d'un cerveau en bon état de marche, qui aurait donc de la lumière à tous les étages ou presque, ce qui est loin d'être clairement défini. Cela dit, pour ceux qui jouiraient d'un tel cerveau, ce privilège est lourd, car penser à ces concepts c'est s'interroger sur leur validité bien évidemment, mais aussi sur leur sens éventuel, ce qui est loin d'être aisé. D'ailleurs, on pourrait même penser qu'il n'y a pas lieu de s'en préoccuper. L'essentiel serait peut-être de ressentir les choses avec humanité et d'agir simplement en conséquence. Mais c'est précisément là en fait que la faille est béante. En effet, qu'est-ce que signifie « ressentir les choses avec humanité » ? Pour tenter de répondre à cette question il faut bien sûr s'interroger sur « la nature des choses » ; nous nous référons ici explicitement au poème de LUCRÈCE du premier siècle avant notre ère : *De rerum natura*.

S'interroger sur les choses de ce monde requiert donc au bout du compte de « penser le monde » d'une façon ou d'une autre, implicitement, ou mieux, explicitement. Et pour le penser « aujourd'hui », il faut bien sûr avoir en tête les diverses facettes de la culture humaniste des quatre derniers millénaires, mais aussi et surtout, tenir compte des avancées scientifiques du XXe siècle, celles notamment qui ont bouleversé notre vision des choses et du temps, et ce, de l'extrêmement petit à l'extrêmement grand. Dans ce cadre, « aujourd'hui » nous rappelle aussi qu'en ce début du XXIe siècle, on est bien loin de la fin de l'histoire des sciences. Qu'en est-il par exemple de la validité de la théorie des cordes ou de la gravitation quantique à boucles ? Que penser notamment de ce qu'on appelle le « Big Bang » ? Il s'agit d'une transition fulgurante certes, mais est-ce un rebond d'un autre Univers en le nôtre, ou autre chose d'encore plus subtil ? Nul ne le sait vraiment.

Peut-on faire l'économie de toutes ces réflexions et de leur impact en particulier sur tout ce qui concerne le vivant ? Certes oui, mais il ne faut pas alors s'étonner que la plupart de nos soi-disant « valeurs », celles sur lesquelles sont fondées nos vies et nos sociétés (*via* notamment nos institutions religieuses, économiques et politiques), s'avèrent bien souvent dans les faits en contradiction flagrante avec la réalité de ce que nous sommes vraiment, même en devenir.

Dans un Monde qui bouge et vibre sans cesse, et qui est très loin de se réduire à ce que nous en percevons, il s'agit donc de voir comment le penser et le vivre *via* des « représentations » plus élaborées. Nous parlerons donc de notre regard, en tant qu'êtres humains, sur la Nature, la dynamique de notre Univers, la matière, les interactions fondamentales, le Soleil, la Terre, la vie et le sens tel qu'il émerge en nous.

Il faudrait tout d'abord tenter de préciser ce que nous désignons ici comme étant la « Nature », celle issue de « notre Big Bang ». De façon sibylline, en attendant une définition plus précise, on pourrait dire que c'est « la substance dynamique vibrante qui sous-tend la forme et la métamorphose de toute chose », substance ou numène[1] pour ce qui est des phénomènes que nous en percevons. Est-ce pour autant le Tout de « l'Être » ? Rien n'est moins sûr. Il se pourrait bien en effet que la Nature soit une réalisation remarquable de l'Être sans pour autant être à la hauteur de toutes ses potentialités. Dans cet essai scientifico-philosophique, le terme « réalisation » ne signifie pas « création » ; il indique plutôt qu'il s'agirait en la circonstance d'un processus de « transition aléatoire (hasardeux) ». L'Être ne désigne donc pas ici une entité consciente, mais simplement le fait qu'il y ait semble-t-il quelque chose plutôt que rien (le non-Être). Raison de plus d'analyser minutieusement tout ce que nous pouvons percevoir de la Nature ; nous pourrions peut-être ainsi entrevoir parfois quelque chose de l'Être.

Penser le monde dans ce cadre très ouvert – sachant ce que l'on sait et qu'on ne sait pas aujourd'hui – est vraiment difficile. De plus, il ne peut y avoir de philosophie digne de ce nom, et donc critiquable, sans une analyse approfondie, *via* les systèmes biologiques de nos cerveaux, de la relation entre « le réel » et les « images très filtrées » que nous en avons. À ce propos, il convient de rappeler que le cerveau est un système biologique complexe qui, en bon état de marche, dispose notamment de plusieurs sous-systèmes d'analyse sophistiqués, imbriqués mais « limités », dont ceux de nos cinq sens bien sûr (pour ne parler que de ceux-là), mais aussi et surtout, ceux de la mémoire, de la conscience et de la pensée. Tous ces dispositifs fournissent des « images reconstruites abstraites » des objets-sujets de notre représentation du monde.

---

1. Nous faisons ici référence au concept de « noumène » tel que Kant l'a précisé : tout ce que la sensibilité aux phénomènes ne peut atteindre, même *via* nos dispositifs expérimentaux les plus sophistiqués.

En ce qui concerne la pensée en particulier, on est donc en droit de se poser la question de ses limites de perception ou de résolution qui varient bien sûr d'un individu à un autre, et plus généralement, d'une culture, d'une civilisation à une autre. En fait, on est là au cœur même du problème abordé dans cet essai scientifico-philosophique.

Dans ce contexte, il convient de rappeler les limites des neurosciences qui commencent à peine à prendre forme, et ce, grâce notamment à la Stimulation Magnétique Transcrânienne (SMT) et à l'Imagerie par Résonance Magnétique fonctionnelle (IRMf). Dans l'arbre du vivant de notre biosphère, les mécanismes de l'évolution ont structuré à leur manière – sur des millions d'années – le fonctionnement de nos cerveaux. Ces sciences sont donc bien loin d'en connaître tous les fourmillements divers, des animaux à nous, et d'un individu à un autre.

Dans cet essai de vulgarisation scientifico-philosophique, les titres des dix points abordés sont les suivants :
1) L'émergence de la pensée chez les hominidés
2) La faille béante de la chose en soi
3) Les représentations fondamentales
4) Aux forges cosmiques de la gravitation
5) Les processus constructifs de la biologie quantique
6) L'évolution des représentations
7) La violence du vivant
8) Les harmonies de la Nature
9) Croyances et spiritualité
10) Agir dans une fraternité de l'inabouti

Au point 1, il s'agit tout d'abord de brosser un tableau très succinct de la scène spatio-temporelle où les hominidés ont commencé à penser. Nous analysons dans ce cadre le processus de la formation d'une idée. La relation entre la Nature, en tant qu'objet, et les images (au sens large) que l'humanité peut en percevoir n'est pas inversible[2] ; ce problème scientifico-philosophique fondamental est considéré au point 2.

Il s'agit ensuite de définir le cadre interactionnel des forces de la Nature ; c'est l'objet du premier point de vulgarisation scientifique : le point 3. Le second est consacré aux processus impliqués dans l'émergence du vivant aux forges cosmiques de la gravitation : le point 4. Nous sommes alors en mesure d'indiquer au point 5 comment les physiciens et biologistes appréhendent aujourd'hui la texture profonde du vivant ainsi que ses réalisations dynamiques fabuleuses.

L'évolution de notre vision des choses de ce monde montre que les représentations d'un même objet-sujet, forcément incomplètes, sont néanmoins hiérarchisées ; ainsi, comme cela est souligné au point 6, tout ne se vaut pas.

Dans le cadre physique précédemment défini, nous examinons ensuite aux points cruciaux 7 et 8 comment la violence du vivant coexiste avec les harmonies de la Nature. Nous sommes ainsi conduits à examiner au point 9 la question de l'existence de Dieu ; cette question, souvent mal posée, masque trop souvent le besoin impérieux d'une spiritualité ouverte à tout ce que nous pouvons percevoir des harmonies voilées de

---

2. La relation A donne B est inversible s'il existe une relation, dite inverse, qui donne A à partir de B.

l'Être. Le concept d'une fraternité de l'inabouti, tel qu'il est présenté au point 10, nous est dicté par l'observation des réalisations somptueuses de la Nature, celles qui n'adviennent malheureusement que trop rarement.

Le lecteur pourrait se demander pourquoi les points de vulgarisation scientifique 3 et 4 sont traités comme ils le sont dans le corps de cet essai, parfois de façon dense et abstraite, et parfois de façon imagée et détaillée. La raison en est simple : il s'agit bien sûr de définir au point 3 un cadre scientifique solide et bien structuré, mais surtout de montrer au point 4 que la vie est une réalisation particulière de la Nature parmi beaucoup d'autres et n'a donc rien d'un miracle.

Cela dit, au lieu de se focaliser sur leur nombril, le regard des humains devrait se tourner plus souvent vers toutes ces réalisations de la Nature. Ces phénomènes prodigieux peuvent sembler bien sûr fort éloignés des préoccupations existentielles de chacun, mais à y bien réfléchir, si les humains y pensaient davantage, en songeant aussi à l'insignifiance[3] de leur condition sur l'arbre du vivant, la perception de leur présence au monde serait tout autre. L'éducation en rapport aurait un fort impact sur le mental des adolescents notamment ; les problèmes de la surpopulation mondiale, de la faim et de l'eau potable se résoudraient alors naturellement, et à moyen terme, notre biosphère retrouverait les équilibres fondamentaux de sa dynamique. C'est en tout cas ce que l'auteur a la faiblesse de penser.

---

3. *Via* le lien https //www.youtube.com/watch ?v=stCxLxBMjYA, voir notamment l'intégralité du documentaire d'ARTE « Une espèce à part ».

◢ Point 1

L'émergence de la pensée chez les hominidés

On ne peut envisager de penser le monde sans s'interroger auparavant sur la présence des humains en son sein. C'est pourquoi nous allons commencer cet essai en brossant un tableau très succinct de la scène spatio-temporelle où les hominidés ont émergé du vivant et se sont mis progressivement à penser...

1. La scène spatio-temporelle

Depuis – disons – 50 ans, l'humanité a peu à peu réalisé qu'il y a 1 à 2 millions d'années elle était montée très lentement sur scène dans un spectacle grandiose, lequel avait débuté en « coup de tonnerre » il y a environ 13,8 milliards d'années : le « Big Bang ».

Pour nous faire une idée plus concrète de l'ampleur de ce spectacle fabuleux, et positionner dans le temps quelques-uns de ses épisodes majeurs, associons au « jour d'Aujourd'hui » un point A sur un axe orienté dans le sens du futur. À partir de ce point, glissons à présent sur cet axe dans le sens du passé[1] à la vitesse de 1 millimètre par an : 1 mm/an. Progressons ainsi pendant 13,8 milliards d'années ; au terme de ce voyage fastidieux, nous arrivons enfin au point B correspondant au « Big Bang » après avoir parcouru 13'800 km,[2] une sacrée distance[3] !

Dans ce retour aux origines, les positions par rapport à A des points correspondant aux événements cités ci-après sont les suivantes :

a) les révolutions scientifiques majeures du XXe siècle entre 5 et 12 cm ;

b) le siècle des lumières à 40 cm ;

c) Jésus de Nazareth à 2 m ;

d) les philosophes présocratiques entre 2,4 et 2,7 m ;

e) les premiers signes de la pensée de l'homo sapiens entre 40 et 100 m ;

f) sa lente venue sur la scène de ce monde entre 1 et 2 km ;

g) à environ 8 km, l'apparition de 2 rameaux sur la branche des primates de l'arbre du vivant, les hominidés étant sur l'une des ramifications du premier, et ses cousins chimpanzés et autres sur l'une des ramifications du second ;

h) la disparition des dinosaures à 66 km environ ;

i) l'apparition des premiers primates entre 70 et 80 km ;

j) le jurassique de 135 à 203 km ;

k) l'apparition des premiers dinosaures vers 240 km ;

l) les premiers animaux terriens vertébrés à environ 380 km ;

---

1. Noter que c'est dans ce sens-là que se font les recherches en géologie et en paléontologie notamment.

2. En effet, 1 km = 1'000'000 mm et 13'800 × 1'000'000 (mm) = 13,8 × 1'000'000'000 (mm).

3. Cette distance est de l'ordre de celle de Paris à Darwin (au Nord-Est de l'Australie) le long du plus petit arc du grand cercle terrestre passant par ces deux villes ; 13,8 milliards d'années, c'est le temps qu'il faudrait pour aller d'une de ces villes à l'autre le long de cet arc à la vitesse de 1 mm par an ; c'est une sacrée longueur de temps !

m) les premiers signes d'apparition de la vie sur notre planète vers 3'800 km ;

n) la formation de la Terre à environ 4'570 km, et par là aussi, l'enclenchement par compression gravitationnelle des mécanismes de fusion thermonucléaire de l'hydrogène du gaz solaire, d'où le début de son rayonnement lumineux éblouissant ;

o) la naissance de notre vieille galaxie vers 10'000 km environ.

Dans notre Univers, où tout est en mouvement à des vitesses relatives étonnantes, la vie s'est développée sur Terre dans une biosphère relativement « discrète », une couche d'environ 10 km d'épaisseur. À environ 300'000 km par seconde, la lumière met moins de $2/10^e$ de seconde à faire le tour de notre planète, une seconde à nous venir de la lune, 8 mn 30 à nous venir du Soleil, 4 ans à nous venir de son étoile la plus proche, 100'000 ans à traverser notre galaxie.[4] Enfin, comme s'il fallait encore se convaincre de l'extrême finitude de notre biosphère, il y a au moins 200 milliards de galaxies dans notre bulle en expansion.

La trajectoire de l'astéroïde d'environ 10 km d'extension, qui en percutant la Terre il y a 66 millions d'années, a entraîné la disparition des dinosaures aurait pu être légèrement modifiée par un autre corps céleste du système solaire qui serait passé un jour dans son voisinage. Ce gros astéroïde aurait ainsi pu éviter la Terre ; l'homo sapiens ne serait alors jamais advenu en ce monde et nous ne serions pas là pour en parler.

---

4. On estime en effet aujourd'hui à 100'000 années-lumière l'extension de notre galaxie (la Voie Lactée). Ainsi, bien que le système solaire tourne autour du centre galactique à une vitesse de l'ordre de 230 km par seconde, il n'en a fait qu'environ 16 fois le tour depuis qu'il existe.

Cela dit, de toute évidence, la pensée chez les hominidés n'est qu'une lueur éphémère en son sein : un éclair de conscience et de civilisation. Elle s'éteindra probablement bien avant que la Terre ne soit plus dans une zone habitable de son Soleil vieillissant en géante rouge (autrement dit bien avant 500 millions d'années environ). Dans les siècles à venir, une guerre thermonucléaire totale est en effet loin d'être exclue. Des catastrophes naturelles majeures pourraient aussi se produire : éruptions de super-volcans, choc d'un gros astéroïde avec la Terre, pandémie d'un virus génétiquement modifié, etc.

Se préparer à faire survivre l'humanité sur la Lune, Mars ou Titan n'est pas raisonnable. Quant à coloniser la Voie Lactée, comme Elon Musk semble y songer pour y étendre la lumière de la conscience, c'est vraiment du délire ! Des planètes semblables à la Terre sont probablement à plus de 20 années-lumière de notre Soleil. De plus, en raison même de l'évolution du vivant dans notre biosphère, le fonctionnement de nos organismes ne serait pas adapté à ces terres-là.

Disons-le clairement : en attendant, un objectif « moins déraisonnable » serait d'utiliser nos techniques les plus avancées et les plus subtiles eu égard à notre environnement naturel, pour qu'à moyen terme, 3 à 5 milliards d'humains puissent vivre sur notre Terre dans un jardin d'Éden planétaire et s'y éteindre paisiblement le moment venu en toute liberté.

2. Le sens et sa pensée

Dans l'un de ses livres,[5] le philosophe Jean-Luc NANCY disait ceci :

> La pensée pèse exactement le poids du sens. L'acte de la pensée est une pesée effective : la pensée même du monde, des choses, du réel en tant que sens ... C'est le poids léger d'une approche, au plus près de ce qui ne se laisse pas saisir.

Dans chaque pensée méditative, c'est-à-dire non maîtrisée par la raison seule, flotte ainsi le parfum de son sens, celui dont elle rend compte. On touche là au fonctionnement subtil même du cerveau, un peu échevelé dans ses ramifications fonctionnelles d'une certaine logique floue ; par « logique floue », on entend généralement une logique qui procède par essais, plus ou moins aléatoires et ne retient en général que ce qui semble marcher. Cela fait penser aux racines d'un végétal qui cherche ses éléments nutritifs, comme il peut, à tâtons.

Pour ce qui est de penser, avant même de songer au sens, une certaine hygiène mentale semble devoir s'imposer : il faut souvent mettre un peu d'ordre, l'ordre du rationnel, autrement dit – en l'occurrence – l'ordre de la raison.

La raison dite pure serait-elle une « anomalie étrange » de la logique floue de la Nature ? On peut le penser. Et donc, pour être en situation de donner du sens, et par là même de créer, il faut aussi savoir à l'occasion chavirer vers le désordre et le rêve.

Pour mieux appréhender l'assertion « La pensée pèse exactement le poids du sens », nous allons maintenant préciser ce que serait selon nous le sens d'un côté, et sa pensée de l'autre.

---

5. J.-L. NANCY, « Le Poids d'une pensée, l'approche », Ed. La Phocide (Philosophie - d'autre part), Paris, 2008.

Dans le processus cérébral de la formation d'une idée, nous distinguerons schématiquement deux phases, une « phase de transition » fulgurante, où s'effectue une synthèse de type « flash » à partir d'un désordre méditatif foisonnant, et une « phase de stabilisation » plus lente, où cette synthèse s'affine dans un certain ordre rationnel. Nous associerons la première phase à « l'émergence du sens » un saut hautement qualitatif, et la seconde à « la pensée », l'expression de ce sens.

En portant en abscisse le temps qui passe, et en ordonnée le poids du sens, sa valeur, on observe que le graphe de la formation d'une idée a le profil d'une marche d'escalier. On voit par là même que la pensée pèse bien le poids de son sens : elle est exactement à sa hauteur. La première phase, celle qui a la complexité la plus « sensuelle » et la plus émotionnelle de l'idée, semble avoir la fulgurance de l'éclair, et ce, dans un univers cérébral dont le centre est partout et le bord nulle part.

En rêvant, goûtons à présent ces quelques mots de Michel SERRES[6] :

> Rien ne vaut une grande pensée, parce qu'elle ouvre un paysage grandiose en lui laissant une moire bigarrée. La miraculeuse allégresse de comprendre mieux élargit l'habitation de quiconque dort dans une chambre médiocre et aménage soudain son palais mondial. Rien ne vaut une démonstration élégante qui ajoute la finesse à la raison, une intuition qui fait voler le corps à la vitesse de la pensée qu'on imagine plus rapide que la lueur, la méditation profonde, l'altitude, la lenteur, la plaine sereine d'une sagesse.

---

6. M. SERRES, « Les cinq sens », Ed. Grasset, Paris, 1985 ; réédition Ed. Fayard, Paris, 2014.

◤ Point 2

La faille béante de la chose en soi

Pour en revenir au « Big Bang », qui dit singularité spatio-temporelle, ou plus exactement quasi-singularité, dit bien sûr quelque chose d'inaccessible à notre entendement. Chez les grecs, le commencement de toute chose était associé au KHAOS, qui signifie en grec ancien « faille béante » (d'où la notion de chaos en français). « Au commencement fut KHAOS » disait HÉSIODE[1] ; mais aujourd'hui encore nous nous interrogeons : que s'est-il vraiment passé lors du chaos de notre Big Bang ? Nous n'en savons toujours rien. Et quant à la question, plus délicate encore, de l'origine des origines, si origine il y a, nous n'en savons strictement rien non plus. Nul ne peut donc répondre à la question de LEIBNIZ notamment : « Pourquoi y a-t-il quelque chose plutôt que rien ? » On peut simplement songer à l'existence d'une vérité en la matière, autrement dit « La Vérité » sur ce qu'est le « Principe de l'Être ».

1. Des objets, leurs images et leurs représentations

Dès lors que l'on considère à juste titre que la pensée est un produit de la Nature, ce qu'est cette Nature, sa chose en soi,

---

1. HÉSIODE, « Théogonie », 115-116.

« Das ding an sich » au sens de KANT,[2] est « naturellement » inaccessible à notre humanité. Et il en est de même bien sûr pour la chose en soi de toute « partie-sujet » spatio-temporelle de notre monde, et du sens en particulier. Des philosophes présocratiques comme DÉMOCRITE à nos philosophes contemporains, cette façon de « voir » les choses s'est imposée peu à peu.

En termes physico-mathématiques, la même idée peut se formuler de la façon suivante : la relation d'imagerie entre les « objets » de la Nature et les « informations images » que nous en percevons n'est pas inversible. À partir des images (au sens large) de l'objet-sujet considéré, nous nous efforçons simplement de le « reconstruire » au mieux en formant ainsi, au sens de SCHOPENHAUER, des « représentations » acceptables de sa nature. Même si nous pouvons souvent améliorer ces représentations, tout objet nous est ainsi – malgré tous nos efforts – irrémédiablement voilé.

Ainsi par exemple, la physique quantique,[3] la physique des « objets » de l'extrêmement petit, marque une rupture avec ce qui nous est familier, à savoir la physique classique, celle de notre environnement de tous les jours. Les points suivants notamment interpellent alors notre entendement commun : comportement ondulatoire de ces objets, nombres entiers ou demi-entiers associés à leurs états quantiques, superposition de ces états, intrication ou enchevêtrement quantique.[4]

---

2. Voir par exemple KANT (traduction TREMESAYGUES et PACAUD), « Critique de la raison pure », PUF, coll. « Bibliothèque de Philosophie contemporaine », 1975, 8e éd., 1975.

3. Pour une information universitaire en rapport, consulter le livre de J.-Ph. PÉREZ, R. CARLES, O. PUJOL, « Quantique, fondements et applications », Ed. de Boeck Supérieur, 2013.

4. Il s'agit là d'un phénomène étrange où deux particules (ou groupes de particules) forment un système lié, leurs états quantiques dépendant l'un de l'autre quelle que soit la distance qui les sépare.

Dans un ouvrage intitulé La nature et les grecs,[5] SCHRÖDINGER, l'un des fondateurs de la mécanique quantique, considère que DÉMOCRITE fut peut-être le premier sage qui ait su tempérer l'explication totalisante de l'atomisme de l'époque. Son scepticisme était longuement mûri. Il avait déjà compris qu'il était impossible de combler cette faille béante. Il restait seulement à lui faire face par une attitude exigeante et retenue : une alliance du respect dû à sa pérennité et de son idéal mobilisateur produit par le désir jamais assouvi de la combler.

2. Le sens et le monde

Dans un chapitre des Essais intitulé Du repentir,[6] MONTAIGNE disait notamment ceci :

> Le monde n'est qu'une branloire pérenne. Toutes choses y branlent sans cesse … La constance même n'est autre qu'un branle plus languissant. Je ne puis assurer mon objet. Il va trouble et chancelant d'une ivresse naturelle. Je le prends en ce point comme il est, en l'instant où je m'amuse à lui. Je ne peins pas l'être. Je peins le passage : non un passage d'âge en autre, ou, comme dit le peuple, de sept ans en sept ans, mais de jour en jour, de minute en minute.

À quatre siècles de distance, la physique quantique nous parle de cette perception intuitive des choses de façon plus précise. Comme nous le verrons notamment aux points 3, 4 et 5, elle nous invite à penser que le « sens » est consubstantiel au vivant. Il semble en effet que tout ce que nous percevons des

---

5. Cours donnés par SCHRÖDINGER at the University College (Londres) les 24, 26, 28 et 31 mai 1948, traduction de l'anglais et notes par M. BITBOL et A. BITBOL-HERSPERIES, Ed. Les Belles Lettres, coll. L'Âne d'Or, 2014.
6. M. de MONTAIGNE, Essai III, 2.

« entrailles » du monde soit quantique, y compris probablement la gravitation et peut-être même l'espace. Or, ce que nous dit aujourd'hui la physique de ces entrailles-là, celle de l'extrêmement petit, c'est que rien n'est alors « séparable ». Diviser le monde en parties peut donc faire problème ; en effet, ce qui se passe à ces échelles-là peut induire – de fil en aiguille et en cascade – des phénomènes importants à des échelles plus grandes, à l'échelle macroscopique notamment, la nôtre.

Ainsi, quand on pense par exemple à la vie à la surface de notre planète, on se réfère à des représentations forcément réductrices de ladite chose : son apparition, le rôle des mutations dans son évolution adaptative, l'homo sapiens et son humanité, etc. Et il en est de même bien sûr quand on se pose des questions à son sujet : comment est-elle apparue ? Peut-elle apparaître autrement ? Cela dit, en procédant ainsi, autrement dit en découpant les problèmes en parties « avec science, prudence et sagesse » (et ce, dans l'espace et le temps), nos représentations du monde s'affinent quand même un peu ; voir notamment le point 6 qui est consacré à l'évolution de ces représentations.

Notre présence au monde est ainsi perçue comme extrêmement plus complexe qu'un simple face à face, ou même un élément à l'intérieur d'un ensemble. On pense alors bien sûr à Aragon quand il disait « Que serais-je sans toi qui vins à ma rencontre ? » Le sens dont nous parlons ici n'est donc « profond » qu'en ce qu'il émerge finalement de la complexité de chacun d'entre nous dans ses rencontres avec les autres[7] et ses interactions avec tout ce qui vit en ce monde.

---

7. Les autres désignent ici les humains au sens large : les vivants ainsi que ceux qui nous ont laissé la trame vivante de leur mémoire.

■ Point 3

Les représentations fondamentales

Dire un mot des représentations fondamentales de notre monde est un préalable incontournable à toute réflexion philosophique sur la Nature et la vie. C'est ainsi qu'il faut se faire une idée de la « gravitation universelle » d'une part, et du « modèle standard » des particules élémentaires, d'autre part. Pour cela, il convient tout d'abord de préciser le rôle des mathématiques dans cette affaire. Leur implication dans notre vision du monde est en effet cruciale.

1. Mathématiques et Nature

L'intelligence humaine, en tout cas une certaine forme de celle-ci, exhibe ou construit des structures dites abstraites, eu égard à d'autres qui le sont moins. Ces structures très solides constituent le corpus (toujours en extension) des mathématiques pures, au sens de cristallines. Elles s'imposent aux humains qui les formulent ou les comprennent, et ce, quelles que soient leurs croyances et indépendamment de ce qu'ils pensent par ailleurs dans le domaine des sciences humaines par exemple.

D'une façon générale, les mathématiques permettent de construire les représentations des objets-sujets du physicien. Il en est ainsi notamment sur une branche de leur développement appelée la topologie algébrique. Certaines structures topologiques, relativement simples, se retrouvent en effet dans la Nature. Il en est ainsi par exemple pour les fermions, c'est-à-dire les quarks et les électrons (notamment), qui sont les particules ultimes de la matière. Leur structure topologique est celle d'un « ruban de Möbius » ; un tel ruban est obtenu en collant les extrémités d'une bande rectangulaire après lui avoir imposé une torsion d'un demi-tour. Un fermion de ce type est dit de spin ½. D'une façon générale, le spin est une propriété interne quantique des particules, au même titre par exemple que la charge électrique. À ce propos, il est important de noter que le concept de spineur en rapport a été exhibé en 1913 par le mathématicien Elie CARTAN, bien avant qu'on ne le trouve en physique quantique et qu'on ne l'exploite en spintronique (cette électronique de spin encore appelée magnéto électronique est une technique qui exploite la propriété quantique du spin des électrons dans le but de stocker des informations).

Comme on vient de l'illustrer sommairement, les mathématiques jouent effectivement un rôle très important dans nos représentations des choses du monde. Pour en dire un peu plus, considérons par exemple la « réalité » qui se cache derrière la notion d'électron. En raison de certains phénomènes observés, liés à ce qu'on appelle en physique le phénomène de diffraction,[1] on ne peut la réduire à celle d'un corpuscule ayant une masse, une charge électrique et un spin. Il faut aussi lui associer une onde. En fait, l'électron est partiellement une onde et un corpuscule. On parle alors de dualité onde-corpuscule.

---

1. Voir par exemple l'adresse WEB https://www.futura-sciences.com/sciences/definitions/physique-diffraction-1019/

L'équation de SCHRÖDINGER est la pierre angulaire de la mécanique quantique. C'est elle qui rend compte de cet aspect ondulatoire des choses. C'est une équation différentielle[2] parmi beaucoup d'autres, une équation qu'on sait résoudre à l'aide de nos ordinateurs. Par exemple, en résolvant cette équation pour la molécule de benzène,[3] on a alors accès à une représentation probabiliste de la distribution de la densité électronique de cette molécule. On ne peut pas préciser davantage la position de ses électrons. Cette équation permet aussi de comprendre en particulier les mécanismes de la formation des images en microscopie électronique à haute résolution.[4] C'est ainsi qu'on peut visualiser des structures à l'échelle de l'atome. Les biochimistes intègrent à leur tour ces représentations dans les sciences de la vie, et le processus se poursuit vers la génétique depuis plus de 50 ans. Tout ceci bouleverse déjà notre regard sur l'humanité, et par voie de conséquence, la psychologie et la sociologie.

En mathématiques, un problème est dit mal conditionné si une petite variation des données ou des conditions initiales peut faire varier sa solution de façon gravissime. En fait, à partir d'un certain seuil spatial et temporel, les équations qui régissent la plupart des phénomènes de la Nature s'avèrent être mal conditionnées. Pour « régulariser » leurs solutions, il faut introduire certaines contraintes, ou changer d'échelle. Par exemple, dans les problèmes de reconstruction d'image en microscopie électronique ou en astronomie, il faut introduire des limites de résolution spatiales ou angulaires. Pour fixer les idées,

---

2. Voir l'adresse WEB https://www.cmath.fr/bac+1/equationdifferentielle/cours.php
3. Voir l'adresse WEB https://fr.wikipedia.org/wiki/Benz%C3%A8ne
4. Consulter par exemple le livre : A. Lannes, J.-Ph. Pérez, « Optique de Fourier en microscopie électronique », Masson, Paris, 1983.

en microscopie électronique, cette limite de résolution est de l'ordre du dixième de nanomètre (le nanomètre est le milliardième du mètre, soit le millionième du millimètre). Autrement dit, on ne peut alors restaurer l'objet que lissé à une échelle supérieure au dixième de nanomètre.

La morale de cette histoire ou sa philosophie, c'est qu'on ne peut « penser le monde » qu'à un certain niveau de résolution qui varie d'ailleurs suivant les questions qu'on se pose. Et donc, pour en revenir à notre humanité, s'il est impossible de prévoir le comportement d'un individu à court terme, il semble possible d'appréhender celui d'une communauté à moyen terme, par exemple dans son évolution démographique. Étrange paradoxe n'est-ce pas ?

2. Les interactions fondamentales

Dans le monde issu de notre[5] « Big Bang », tous les processus physiques, chimiques ou biologiques que nous connaissons peuvent être analysés aujourd'hui à l'aide seulement de quatre interactions dites fondamentales : l'interaction gravitationnelle, l'interaction électromagnétique, et les interactions nucléaires faible et forte. En effleurant leur nature, on peut les présenter de la façon suivante.

---

5. Un événement « chaotique » de type Big Bang ne génère pas nécessairement un monde semblable au nôtre. Un autre Big Bang pourrait donc accoucher en principe d'un autre jeu d'interactions, et par là même (pourquoi pas ?) d'un monde meilleur que le nôtre, un monde par exemple où la violence ne serait pas consubstantielle au vivant (voir le point 7). Si cette conjecture « un peu romanesque » (convenons-en) s'avérait être fondée, notre monde ne serait pas à toute la hauteur des potentialités de l'Être ; voir l'avant-propos de cet essai.

L'interaction gravitationnelle rend compte de la manière dont les corps s'attirent en raison de leur masse. En fait, eu égard aux concepts einsteniens introduits dans la section suivante, il ne s'agit pas d'une interaction au sens strict du terme. Néanmoins, en première approximation, on peut décrire le mouvement relatif de ces corps en physique newtonienne en considérant qu'une certaine « force gravitationnelle » s'exerce entre eux.[6]

L'interaction électromagnétique rend compte de la manière dont les corps s'attirent ou se repoussent en raison de leur charge. Elle est impliquée dans tous les phénomènes électriques et magnétiques, et surtout, dans tout ce qui concerne la lumière, la chimie, la biologie moléculaire et cellulaire, et donc finalement le vivant.

L'interaction nucléaire faible est associée à certains phénomènes de radioactivité qui conditionnent la vie dans notre biosphère. En particulier, c'est elle qui enclenche les processus de fusion nucléaire dans les étoiles, et donc dans notre Soleil notamment. Elle intervient aussi dans les processus qui maintiennent le magma en fusion sous la croûte terrestre, d'où en particulier la tectonique des plaques et le volcanisme.

L'interaction nucléaire forte structure la matière en ce sens qu'elle est impliquée dans la cohésion des noyaux atomiques. Les réactions de fusion nucléaire, sources d'énergie des étoiles, relèvent aussi de cette interaction fondamentale.

La théorie qui décrit la gravitation est à ce jour « la relativité générale » ; celle qui rend compte des trois autres définit ce qu'on appelle « le modèle standard ». C'est lui qui modélise le monde quantique des particules élémentaires dans leurs identités et leurs

---

6. Pour plus de détails sur ce point, consulter le livre universitaire : J.-Ph. Pérez, O. Pujol, Mécanique : fondements et application, Chap. 12, Ed. Dunod, 7ᵉ édition, 2014.

interactions. Nous allons maintenant donner un bref aperçu de ces représentations théoriques.

3. La relativité générale

Dans la théorie de la relativité générale formulée par EINSTEIN en 1915, tout se passe comme si « l'espace-temps » de notre Univers était une texture « gélatineuse », une trame relativement élastique, tressée *via* certaines particules quantiques non encore identifiées. Depuis notre « Big Bang », cette « gelée » (disons anglaise) est en expansion. Le temps s'y écoule « localement » plus ou moins vite suivant la géométrie locale de sa trame invisible, laquelle géométrie dépend des masses des objets qui s'y meuvent et y sont emportés.[7] La présence d'objets très massifs modifie fortement la géométrie locale de la trame de cet espace. Les particules libres de toute interaction se déplacent le long des géodésiques[8] de cette géométrie. Rappelons enfin que dans cet espace, la vitesse de tout objet est au plus égale à la constante d'EINSTEIN c ; cette constante n'est autre que la vitesse de la lumière dans le vide, soit environ 300'000 km/s.

---

7. Pour une information scientifique en rapport, consulter la nouvelle présentation de la contribution fondamentale d'EINSTEIN « La théorie de la relativité restreinte et générale », collection *IDEM*, Ed. Dunod, 2012.

8. L'espace-temps einsteinien est un espace dans lequel des considérations physiques permettent de définir « localement » une distance entre ses points. Dans un tel espace, un chemin entre deux points A et B est dit « optimal » si sa longueur est « localement minimale » : toute variation infinitésimale (*i.e.*, très petite) de ce chemin augmente alors sa longueur. La « géodésique » A—B est le chemin optimal entre A et B, ou un des chemins optimaux s'il en existe plusieurs. Par exemple, sur une surface (à peu près sphérique) comme celle de la Terre, où les distances sont celles que l'on mesure sur cette surface, la géodésique Paris—Pékin est le plus petit arc du grand cercle terrestre qui passe par ces villes.

Des techniques couramment utilisées aujourd'hui sont concernées par ces phénomènes. Par exemple, les systèmes de positionnement satellitaires des constellations GPS (pour les USA), GLONASS pour la Fédération de Russie et GALILEO (pour l'Union Européenne) sont sensibles à deux effets relativistes ; le premier relève de la relativité restreinte et le second, le plus important, de la relativité générale. Ce dernier est lié à la « présence massique » de la Terre ; il est environ 6 fois plus important que le premier, lequel – en raison du mouvement des satellites – a pour effet de retarder les horloges. C'est donc l'effet d'avance des horloges atomiques embarquées dans les satellites qui l'emporte. En raison de leur éloignement du géoïde terrestre (20'000 km environ), ces horloges battent plus vite que celles au sol. Pour la précision temporelle requise, il faut en tenir compte. En effet, dans ces techniques de positionnement, des réseaux de récepteurs au sol ainsi que les récepteurs des utilisateurs captent les signaux émis par des satellites de ces constellations avec des décalages temporels que l'on sait mesurer de façon très précise. Une fois corrigés des effets relativistes en question et d'autres effets liés notamment à la traversée de l'atmosphère, ces décalages sont d'autant plus grands que les distances parcourues par ces signaux le sont. Comme on connaît la position des satellites le long de leurs trajectoires respectives, on peut ainsi déterminer « *via* des calculs appropriés » le positionnement des récepteurs au sol.

4. Le modèle standard

Comme nous l'avons déjà indiqué, les fermions – que sont les quarks et les électrons (notamment) – sont les particules ultimes de la matière. Ils ont un spin demi-entier. Les bosons, qui sont de spin 1 ou 0, sont les particules impliquées dans les interactions fondamentales de notre monde telles qu'on les modélise aujourd'hui. Ainsi, par exemple, les photons sont les bosons de l'interaction électromagnétique, et les gluons ceux de l'interaction forte.

Le boson[9] H, de spin nul, a été imaginé en 1964 et confirmé expérimentalement en 2012. La masse d'un fermion rend compte de l'opposition des bosons H, ou plus précisément du « champ H », à la mise en mouvement du fermion considéré ; cette masse est d'autant plus grande que cette opposition est forte. Ce boson constitue l'une des clefs de voûte du modèle standard de la physique des particules.

Juste après le « Big Bang », le champ H n'existait pas. Lorsque l'Univers a commencé à se refroidir, et que sa température est passée sous un certain seuil critique, ce champ est apparu « spontanément » ; toutes les particules qui y sont sensibles ont alors acquis une masse. Ainsi, par exemple, les quarks et les électrons ont chacun leur masse, alors que les photons et les gluons sont de masse nulle.

Dans les années 1970, les physiciens ont compris que l'interaction électromagnétique et l'interaction faible n'étaient en fait que des manifestations d'une même interaction : « l'interaction électrofaible ». Cette unification est à la base du modèle standard. Les photons et les « bosons W et Z » sont les particules de cette interaction ; ces derniers (contrairement aux photons et aux gluons) ont une masse notable.

---

9. Ce boson est souvent appelé « boson de Higgs ». En fait, ce sont Englert et Brout qui l'ont imaginé 6 mois avant que Higgs fasse de même indépendamment. Les chercheurs à l'origine de cette « découverte conceptuelle » majeure ont reçu le prix Nobel en 2013 ; Brout n'a pu être de la fête (il est mort en 2011). Englert et Higgs se sont finalement mis d'accord pour appeler cette particule « le Boson H ».

.

L'énergie de notre monde est essentiellement confinée dans le noyau des atomes. Ces toutes petites régions, relativement à la taille des atomes, sont sous l'autorité de l'interaction forte. La manière dont les quarks y sont confinés *via* les gluons relève, dans le modèle standard, de ce qu'on appelle « la chromodynamique quantique ». Des couleurs virtuelles sont associées aux nombres quantiques des « objets » de ce monde-là, d'où la terminologie retenue.

Lorsqu'on perturbe ces noyaux, et c'est possible (nous verrons notamment au point 4 comment la Nature sait le faire), la puissance extrême ainsi libérée s'identifie pour nous à la violence même. Les noyaux atomiques sont ainsi le lieu d'un ancrage robuste du monde, essentiel certes, mais redoutable eu égard à la vie.

Comme nous l'avons déjà mentionné, les ondes des lumières visible et invisible, l'apparition et l'évolution de la vie relèvent en fait de l'interaction électromagnétique. Dans le modèle standard, depuis les contributions fondamentales de DIRAC et FEYNMAN (formulées dans la période – disons – de 1930 à 1950), cette interaction se décrit dans le cadre formel de ce qu'on appelle « l'électrodynamique quantique ». Alors que le domaine d'action des interactions nucléaires faible et forte est très localisé, celui de l'interaction électromagnétique est extrêmement étendu. Il existe des violences électromagnétiques certes, comme celles de la foudre ou de nos bombes chimiques, mais elles sont négligeables comparées à celles de l'interaction forte notamment.

D'une façon générale, la Nature semble avoir adopté, pour les divers types de phénomènes quantiques de notre monde, des structures mathématiques très spécifiques. Celles impliquées dans le modèle standard relèvent de certains « groupes unitaires spéciaux ».[10] Pourquoi celles-là, certes déjà très élaborées, et pas d'autres plus complexes ? Seraient-elles plus « stables » en un sens à définir ?

Ce qu'il faut retenir de cet état des lieux, c'est que tout ce qui touche à la complexité des choses de notre biosphère est fragile, et d'autant plus fragile qu'on touche au sublime de l'électrodynamique quantique ; osons le dire : la conscience, la spiritualité, l'amour (au sens de *l'agapê*), la fraternité, la poésie, l'art et la connaissance notamment. Pour s'en convaincre, il suffit de constater les dégâts des bombes thermonucléaires d'Hiroshima et de Nagasaki.

Avant de nous pencher plus avant au point 5 sur la texture du vivant, il y a un préalable qui est loin d'être humain ; c'est celui des transmutations atomiques à l'origine des fameuses poussières d'étoiles dont nous sommes faits. Le titre du point suivant évoque à ce propos des processus qui n'ont rien de tendre.

---

10. Jeter un regard de mathématicien ou de simple curieux sur les notes de cours passionnantes https://www.math.u-psud.fr/~paulin/notescours/cours_centrale.pdf ; voir aussi la référence https://fr.wikipedia.org/wiki/Groupe spécial unitaire.

Aux forges cosmiques de la gravitation

Il y eut un jour une « belle nuit » où l'un de nos ancêtres s'est vraiment interrogé sur ces petites lumières qui scintillaient au firmament du ciel. Il fut ainsi le premier hominidé à avoir la tête dans les étoiles. Où, quand, dans quelles circonstances ? En fut-il inquiet ou apaisé ? Nul ne le sait, et après tout, peu importe ! Il a cependant fallu attendre le XXe siècle de notre ère pour commencer à comprendre comment le vivant s'est forgé et se forge – encore et toujours – dans ce ciel-là, notre Univers. Dans ce laboratoire cosmique, les astrophysiciens d'aujourd'hui nous disent qu'il se fabrique aussi bien d'autres choses, des structures dynamiques étranges dont nos Dieux d'antan et d'aujourd'hui ne se soucient d'ailleurs guère.

Avant de nous contraindre à ne parler que du vivant, il convient donc à présent de prendre un certain recul par rapport à toutes ces réalisations de la Nature. C'est l'objet central de ce point scientifico-philosophique crucial.

1. Les rémanents de supernovae

C'est dans l'explosion de fin de vie d'une étoile 8 à 12 fois plus massive que notre Soleil que se forment les poussières qui peuplent l'Univers. Un événement de ce type, qui correspond à ce qu'on appelle une *supernova*, est relativement rare ; il s'en produit en moyenne deux par siècle dans une galaxie comme la nôtre, soit environ une toute les deux ou trois secondes dans l'Univers observable ; c'est dire sa vastitude ! Dans certaines conditions et suivant des procédures encore hypothétiques, une toute petite partie de ces poussières d'étoile peut s'organiser en cellules de vie primitive quelques milliards d'années plus tard.

Un événement de type *supernova* résulte de l'effondrement gravitationnel du noyau de fer qui s'est formé au cœur d'une l'étoile de ce type dans sa phase de fin de vie. Ce fer est en fait le produit ultime des cycles de fusion thermonucléaires se produisant à l'intérieur de l'étoile dans cette phase-là de sa vie. La plupart des atomes que nous connaissons naissent alors en cascade à partir de l'hydrogène : au centre donc du fer, puis en allant vers la périphérie de l'étoile, du silicium, de l'oxygène, du néon, du carbone, de l'hélium et enfin l'hydrogène restant.

Les interactions nucléaires faible et forte sont impliquées dans les mécanismes divers et complexes de la vie d'une étoile. La fusion des noyaux atomiques s'accompagne généralement d'un dégagement d'énergie considérable. En fait, si la gravitation ne maintenait pas l'étoile, dans sa globalité, sous une pression titanesque, sa durée de vie serait très brève, un peu comme celle d'une bombe thermonucléaire.

Lorsque la masse du cœur de fer d'une étoile (du type considéré) atteint une valeur critique de l'ordre de 1,4 fois celle du Soleil, la pression gravitationnelle entraîne l'effondrement de ce cœur sur lui-même. Le fer est alors transformé en une matière essentiellement composée de neutrons (des particules électriquement neutres). Quand la densité de cette matière neutronique atteint une autre valeur critique, les forces de répulsion de l'interaction forte bloquent cet effondrement. La matière qui tombe sur cette partie interne de quelques kilomètres de diamètre ne peut plus la compresser. Elle rebondit alors sur ce cœur dur neutronique et crée un choc qui se propage vers la périphérie. L'explosion qui s'ensuit disperse dans l'espace la fameuse poussière d'étoile créée dans les cycles de fusion thermonucléaires précédents.

De ces rémanents de *supernova* naîtront plus tard, dans des moments moins tourmentés, d'autres étoiles et leurs systèmes planétaires. Ces rémanents de *supernova* rassemblent l'hydrogène vagabond ainsi que cette poussière déjà très élaborée. Dans la période de gestation de quelques millions d'années qui précède la naissance d'une de ces nouvelles étoiles, c'est l'interaction gravitationnelle qui domine à nouveau. L'hydrogène présent dans ces nébuleuses planétaires est alors comprimé au point d'enclencher des processus thermonucléaires. C'est alors que des étoiles s'allument et illuminent ainsi, et pour longtemps souvent (quelques milliards d'années) leurs systèmes planétaires.

2. L'émergence du vivant

Dans l'espace intersidéral, comme à la surface des planètes comme la nôtre, les choses finissent encore une fois par s'apaiser plus ou moins : les atomes se rencontrent de façon plus tempérée. La température rend compte précisément de la fréquence de ces rencontres : elle est d'autant plus élevée que ces rencontres sont fréquentes. Dans cette agitation permanente, certains atomes s'ignorent ; ils n'ont aucune affinité naturelle ; d'autres au contraire s'assemblent en raison de fortes affinités chimiques. Ces potentialités d'union relèvent en fait de l'électrodynamique quantique. Bref, c'est la phase où les photons de l'interaction électromagnétique animent une folle danse quantique qui donnera ici ou là, dans l'Univers, les premières cellules de vie. Comment dans le détail et dans quelles conditions ? Nul ne le sait aujourd'hui ! C'est une énigme certes, mais ce n'est pas un mystère. Mener des recherches fondamentales dans ce domaine, du type – par exemple – de celles évoquées dans la note 5 de bas de page du point 5, nous semble beaucoup plus judicieux que d'envoyer un équipage d'astronautes sur la planète Mars.

Que la vie existe dans notre galaxie sera probablement confirmé à moyen terme par les signatures spectrales (dans l'infrarouge) de l'eau, du gaz carbonique, du méthane et de l'ozone au sein de l'atmosphère de telle ou telle exoplanète. Comme ces exoplanètes sont probablement à plus de 20 années-lumière de la Terre, envoyer une sonde spatiale bourrée d'intelligence artificielle s'enquérir de savoir si c'est vraiment le cas sur l'une d'entre elles nous semble vraiment déraisonnable.[1] En effet, en faisant en sorte d'atteindre – par exemple – une vitesse de croisière de 300 km par seconde, le voyage serait très énergivore, extrêmement périlleux et durerait plus de 20'000 ans (ou plus de 200 ans à 30'000 km par seconde).

3. Naine blanche, étoile à neutron, trou noir

Les étoiles qui ont une masse inférieure à environ 8 fois celle de notre Soleil finissent leur vie en naine blanche. Celles qui ont une masse plus grande, mais – disons – inférieure à 12 fois celle du Soleil, explosent en *supernova* et finissent leur

---

1. En fait, nous exprimons là notre réaction à « L'odyssée interstellaire » de Vincent Amouroux et Alex Barry, un documentaire captivant de 208 mn.

vie en étoile à neutrons avec une masse résiduelle de l'ordre d'une à trois fois celle de notre Soleil d'aujourd'hui. Enfin celles qui ont une masse encore plus grande finissent en trou noir, un astre désigné ainsi car toute lumière émise en son sein ne peut pas s'en échapper ; la luminosité d'un trou noir (qui est donc nulle) est inférieure à celle d'une étoile à neutrons, laquelle est encore inférieure à celle d'une naine blanche. La densité de matière des naines blanches est inférieure à celle des étoiles à neutrons, laquelle est encore inférieure à celle des trous noirs.

Précisons par exemple ce qu'est une étoile à neutrons. Comme nous venons de le dire, c'est ce qui reste d'une étoile entre 8 et 12 fois plus massive que notre Soleil après qu'elle ait explosé et dispersé dans notre Univers la poussière de matière dont nous sommes faits. Mais que reste-t-il alors de cette étoile qui était si puissante et majestueuse dans sa force de l'âge ? Eh bien, une matière compacte, très peu lumineuse, presque entièrement composée de neutrons, agglutinés les uns aux autres par gravitation dans une sphère de seulement une vingtaine de kilomètres de diamètre. Il s'agit donc d'une matière très dense comparée à celle de la Terre et du vivant. Dans le noyau interne d'une étoile de ce type, la masse volumique est en effet de l'ordre d'un million de tonnes par millimètre cube, alors que la masse volumique de l'eau par exemple n'est que d'un milligramme par millimètre cube[2] ; les noyaux de matière dense, les noyaux des atomes, sont alors très éloignés les uns des autres relativement à leur taille.

---

2. Par définition, la densité d'un corps est le rapport entre sa masse volumique et celle de l'eau. Au cœur d'une étoile à neutrons, la densité est donc de l'ordre de 10^{15} (un million de milliards). En effet, un million de tonnes c'est 10^9 kg, soit 10^{12} g, et donc 10^{15} mg.

Indiquons à présent comment les physiciens se représentent cet objet physique minuscule qu'ils ont appelé neutron. Pour se donner une idée de la taille de cette particule, imaginons que la taille d'un atome, qui est de l'ordre du dixième de nanomètre, soit agrandie jusqu'à atteindre la taille d'un terrain de football : 100 mètres ; la taille du neutron serait alors de l'ordre du millimètre.

En ce qui concerne son entité quantique, le neutron est constitué de trois quarks. Ces quarks ont une certaine masse et une certaine charge électrique qui rend compte de leur capacité d'interaction avec d'autres corps chargés électriquement. Deux d'entre eux, qui ont la même petite charge $-e/3$ (le tiers de la charge de l'électron), se repoussent, alors que le troisième, qui a une charge de $2e/3$ (opposée à la somme des charges des deux autres), est attiré par ces derniers. Le neutron est ainsi électriquement neutre, d'où son nom.[3] À l'intérieur du neutron, ces trois quarks se repoussent ou s'attirent électriquement par l'intermédiaire de photons, mais s'attirent encore plus fortement par l'intermédiaire de gluons.

Mais quelle peut bien être la substance de tous ces quarks, photons, gluons et autres particules « ultimes » du monde ? Nos physiciens, même les plus savants en la matière, ne peuvent que décrire les phénomènes liés à leur présence. Cela dit, bien que ces particules soient effectivement insaisissables, ils savent les gérer expérimentalement et même en calculer les masses.[4]

---

3. Le proton est aussi constitué de trois quarks, mais sa charge est e, l'opposé de celle de l'électron. Deux de ces quarks ont chacun une charge de $2e/3$ et le troisième une charge de $-e/3$. Dans notre monde, le proton est une particule importante ; avec ses quarks, photons et gluons, il constitue en effet le noyau de l'atome d'hydrogène.

4. Fusion d'étoiles à neutrons

La fusion des deux étoiles à neutrons détectée le 17 août 2017 pourrait se raconter de la façon suivante. Il y a 130 millions d'années, dans une galaxie très lointaine, ces étoiles foncent l'une vers l'autre dans la trame gélatineuse de l'espace-temps einsteinien. Cette trame est localement affectée par leur présence et décide ce faisant de la dynamique de leur rencontre. Les ondes gravitationnelles qui sont ainsi émises se propagent dans cette gelée à la vitesse de la lumière dans le vide.

Dans les fractions de seconde qui précèdent le choc de ces étoiles, la vitesse de l'une par rapport à l'autre est d'environ 100'000 km/s. De plus, chacun de ces bolides tourne sur lui-même – tout en se déformant – avec des vitesses qui pourraient atteindre en surface les 200'000 km/s. En outre, le sens de rotation de l'un pourrait être opposé à celui de l'autre. En fait, on ne sait pas aujourd'hui avec précision quelles sont les vitesses de choc des neutrons de l'un avec leurs premiers neutrons partenaires de choc de l'autre ; elles sont probablement proches de la vitesse de la lumière. Aux forges cosmiques titanesques de la gravitation, les réactions de nucléosynthèse prodigieuses qui s'ensuivent peuvent alors s'enclencher. Un flash cosmique extrêmement lumineux signe la fin de la phase critique de ces réactions fantastiques. L'analyse du spectre de ce flash dans le visible et dans l'infra-rouge ainsi que de la lumière qui s'en est suivie pendant deux jours en passant du bleu au rouge a permis de se faire une idée de la quantité de métaux lourds et de métaux

---

4. Pour plus de détails, voir l'adresse WEB https:www.pourlascience.fr/sd/physique/
proton-et-neutron-une-difference-de-masse-enfin-expliquee-par-le-
calcul-12083.php

rares créés lors de cette nucléosynthèse cosmique : une masse d'environ 16'000 fois celle de la Terre, dont dix fois (celle de la Terre) pour l'or et le platine !

Les ondes gravitationnelles engendrées par la dynamique de cette fusion sont arrivées sur Terre 130 millions d'années plus tard en affectant très légèrement les distances entre les points de notre espace local. Ce sont les variations de ces longueurs pendant une centaine de secondes qui ont été détectées par les interféromètres ultra sensibles VIRGO et LIGO.[5] Ces dispositifs expérimentaux sont localisés très loin les uns des autres, l'un en Italie (celui de VIRGO) et deux autres (ceux de LIGO) dans des États éloignés des USA.

5. Voir par exemple l'adresse WEB http://www.cnrs.fr/publications/imagesdelaphysique/couv-PDF/IdP2010/03_Virgo_Laser.pdf

▰ Point 5

Les processus constructifs de la biologie quantique

On est aujourd'hui très loin de connaître toutes les potentialités de l'électrodynamique quantique du vivant. Il peut ainsi arriver que certaines approches ancestrales, comme celles des médecines chinoises ou africaines par exemple, s'avèrent plus efficaces que d'autres qui voudraient s'inscrire *a priori* dans une démarche scientifique classique. Bien évidemment, il convient alors de rechercher les « principes actifs » des remèdes utilisés et d'analyser les processus électromagnétiques impliqués dans certaines de ces pratiques. Nous pensons ici en particulier à l'hypnose, à l'acuponcture, à l'ostéopathie et à l'efficacité relative de certaines médecines parallèles. Via l'intervention de certains guérisseurs, des symptômes cliniques manifestes, des brûlures par exemple, peuvent aussi disparaître rapidement. Tous ces phénomènes étranges nous interpellent vraiment. Cela dit, une seule chose est sûre *a priori* : ce qui se passe aux différentes échelles où il faudrait analyser ces phénomènes relève de recherches fondamentales très complexes.

Par exemple, on a souvent dit que le milieu biologique, chaud et humide, ne permettait pas de préserver la cohérence quantique des particules qui le constituent, autrement dit, ne permettait pas de conserver leur dualité onde-corpuscule. Cette incohérence quantique est indiscutable lorsqu'on observe le vivant à des échelles supérieures au micron, c'est-à-dire au millième de millimètre ; il en est tout autrement lorsqu'on le piste aux échelles de l'ordre ou inférieures à quelques nanomètres. Or on est alors précisément aux échelles de la taille des macromolécules impliquées dans la vie cellulaire.

La biologie quantique, autrement dit celle de l'électrodynamique quantique, semble être une réalité qu'on commence à peine à explorer. Deux séries d'expériences ayant fait l'objet de publications illustrent cette constatation. Il s'agit de la fonction chlorophyllienne dans les cellules végétales, et des vibrations se produisant à l'intérieur des microtubules des neurones cervicaux susceptibles de jouer un rôle dans l'émergence de la conscience. Les articles en question analysent les mécanismes quantiques qui seraient impliqués dans ces processus.

Cela dit, eu égard aux représentations scientifiques de notre monde, la vie s'étudie dans le cadre de la biologie, laquelle s'analyse fondamentalement *via* la chimie organique ; quant à cette chimie, elle s'analyse ultimement au niveau nanométrique *via* la physique quantique. Dans notre approche de ce qu'est la vie, ces processus de réduction ne sont bien sûr pas inversibles. Des instabilités quantiques peuvent ainsi induire parfois des phénomènes inattendus aux diverses échelles des organismes vivants.

Avant de lire les deux prochaines sections, le lecteur est invité à parcourir un article intitulé « La biologie quantique revisitée »[1]. Les principaux résultats de cet article récent sont les suivants : au lieu de chercher à éviter l'incohérence quantique et la dissipation, la Nature les exploite *via* certaines « interactions de groupe » (des interactions de bain d'excitons)

---

1. J. Cao, R.J. Cogdell, D.F. Coker, et beaucoup d'autres, "Quantum biology revisited", Sciences Advances, Vol 6, N° 14, Apr 2020, eaaz4888 DOI: 10.1126/sciadv.aaz4888.

afin de créer des flux d'énergie efficaces. L'efficacité de ces processus de transfert d'énergie est de l'ordre de celle des systèmes quantiques cohérents correspondants, d'où de possibles erreurs d'interprétation. Quoiqu'il en soit, des concepts liés à la biologie quantique peuvent être très utiles pour acquérir des connaissances plus approfondies et plus claires sur la physique quantique des systèmes plus étendus.

1. Le monde quantique de la fonction chlorophyllienne

Les processus grâce auxquels les cellules végétales recueillent et utilisent la lumière afin de fabriquer les molécules organiques dont elles ont besoin semblent n'avoir pas d'équivalent en physique classique.

Les macromolécules qui jouent ce rôle sont composées de chromophores attachés aux protéines de la cellule. Ce sont eux qui sont à l'origine de la couleur verte des végétaux. Le premier stade de la photosynthèse s'effectue à leur niveau. Ces chromophores capturent certains photons de la lumière solaire et transfèrent leur énergie vers le reste de la cellule.

Des chercheurs pensent avoir identifié des processus quantiques assurant l'efficacité de cette fonction[2] ; le rendement serait de l'ordre de 95%. Selon leurs observations, les vibrations

---

2. O'REILLY EJ, OLAYA-CASTRO A, "Non-classicality of the molecular vibrations assisting exciton energy transfer at room temperature," Nature Communications, 2014, DOI: 10.1038/ncomms4012 (open access).

des chromophores responsables du transfert d'énergie ne pourraient pas se produire classiquement. Leur efficacité dépendrait de mécanismes quantiques, qui comme nous allons le préciser, seraient très « fraternels ».

Les vibrations moléculaires résultent des mouvements périodiques des atomes dans une molécule. Quand deux chromophores vibrent en phase, autrement dit d'une certaine manière « ensemble », une résonance apparaît et des échanges efficaces d'énergie peuvent se produire. Dans certaines conditions précisées dans leur article, des unités discrètes d'énergie, c'est-à-dire des *quanta* d'énergie, sont alors échangées à la température ambiante, et ceci dans un temps très bref, inférieur au millième de milliardième de seconde.

S'agit-il là de processus qui relèveraient de la physique classique ? Ces chercheurs montrent qu'il n'en est rien. Les chromophores ne peuvent être identifiés en position et vitesse que de façon probabiliste, autrement dit « collective », ce qui rend impossibles les prédictions individuelles. Il s'agirait donc d'un mécanisme quantique correspondant à l'échange cohérent d'un quantum d'énergie. Une superposition d'états quantiques s'établirait entre excitation et transfert de charge à l'intérieur du chromophore.

D'autres processus quantiques de ce type ont été identifiés. Il s'agit des changements structurels qu'enregistrent les chromophores associés à la vision lors de l'absorption de photons, ou de la reconnaissance d'une protéine par une autre lors de l'olfaction.

Les théories proposées sont très complexes. On peut se borner à retenir la conclusion générale qui s'en dégage : l'origine et la compréhension des organismes biologiques relèveraient de l'électrodynamique quantique. Tout ceci accrédite aussi l'idée suivante : dès lors que certaines conditions sont satisfaites la vie peut apparaître ici ou là dans notre Univers. Ces conditions ne sont pas nécessairement celles de notre biosphère, y compris celles que l'on rencontre par exemple dans les sources chaudes océaniques islandaises, à 3500 mètres de profondeur.

2. Au cœur quantique des fonctions cervicales

Vers la fin du XXe siècle, l'anesthésiste Stuart HAMEROFF et le mathématicien Roger PENROSE avaient présenté l'hypothèse selon laquelle la « production » des faits de conscience, dont la nature et l'origine demeurent largement encore inconnus, « dérivaient » d'activités se produisant au niveau profond des neurones cervicaux ; seraient impliqués les microtubules qui sont des fibres constitutives du « squelette des cellules » au même titre que d'autres filaments.

À l'instar de la découverte des vibrations quantiques dans les chromophores dont les neurones sont évidemment dépourvus, des chercheurs japonais, suivis par d'autres, ont conclu que des phénomènes voisins se produisaient au niveau des microtubules neuronales.

Les auteurs des articles en rapport suggèrent que les ondes du cerveau identifiées depuis longtemps par les techniques électroencéphalographiques dérivent de vibrations profondes au niveau des microtubules. D'autres chercheurs suggèrent que l'anesthésie, qui fait disparaître la conscience sans paralyser le reste des activités cérébrales, modifie également l'activité des microtubules.

Pour HAMEROFF et PENROSE,[3] il serait clair aujourd'hui que les vibrations quantiques dans les microtubules interviendraient directement dans les fonctions neuronales et synaptiques. Elles connecteraient ainsi le cerveau aux processus auto-organisateurs préconscients qui constitueraient en profondeur « la réalité quantique » de la conscience.[4]

3. L'univers quantique de la génétique et de l'épigénétique

Le terme d'épigénétique vient du grec ancien *épi* – qui signifie « au-dessus de » – et de génétique. C'est une discipline de la biologie qui étudie les mécanismes moléculaires qui modulent l'expression du patrimoine génétique en fonction du contexte.

Alors que la génétique est une science qui étudie l'hérédité et les gènes, l'épigénétique s'intéresse à une couche d'informations complémentaires qui nous dit comment ces gènes vont être utilisés par une cellule ou pas. C'est une analyse du vivant qui dément en partie la « tyrannie » ou la « fatalité » des gènes. En matière d'évolution, l'épigénétique permet d'expliquer comment des spécificités fonctionnelles de la vie peuvent être acquises, éventuellement transmises d'une génération à l'autre, ou encore perdues après avoir été héritées. En pratique, cela

---

3. HAMEROFF S, PENROSE R, "Consciousness in the universe: a review of the Orch OR'theory," Physics of Life Review, Aug 20, 2013.
4. Dans ce paragraphe, notamment, le conditionnel est bien sûr de rigueur ; tout dépend précisément de ce que l'on entend par « conscience ».

signifie simplement que notre comportement et nos interactions avec le milieu extérieur influencent nos gènes.

Chacun sait aujourd'hui que l'information génétique est portée par l'acide désoxyribonucléique (ADN) ; il s'agit d'une macromolécule formée par l'enchaînement de nombreux nucléotides.[5] La molécule d'ADN est structurée aujourd'hui en deux chaînes de nucléotides enroulées en double hélice. C'est la séquence, c'est-à-dire l'ordre et le nombre des nucléotides d'un gène, qui porte en fait l'information génétique.

L'ADN est notamment impliqué dans la synthèse des protéines *via* l'acide ribonucléique « messager » (ARNm). Sans entrer dans les détails des mécanismes en rapport, on comprend qu'au cours de l'évolution, tout s'est fait au niveau nanométrique de la biologie quantique.[6]

Les mécanismes de l'épigénétique, en particulier, relèvent ainsi de l'électrodynamique quantique ; ils s'effectuent *via* une modification chimique de l'ADN appelée *méthylation* : des radicaux CH_3, dits méthyles, constitués d'un atome de carbone lié à trois atomes d'hydrogène, viennent s'accrocher sur l'ADN *via* un électron célibataire du carbone qui cherche à s'apparier avec un électron disponible ici où là sur l'ADN, formant ainsi une liaison chimique avec lui.

---

5. Un nucléotide est formé d'un groupement phosphate, d'un glucide (le désoxyribose) et d'une base azotée. Il existe quatre bases azotées différentes donc quatre nucléotides différents : l'adénine, la cytosine, la guanine et la thymine. Sur l'ADN, les nucléotides sont complémentaires deux à deux : en face d'une cytosine se trouve toujours une guanine ; en face d'une adénine se trouve toujours une thymine.

6. Aux dernières nouvelles, suite à la découverte d'un modèle de la structure moléculaire du ribose (un sucre) dans une météorite vieille de plusieurs milliards d'années, certains scientifiques pensent que dans le processus de formation de la vie, l'ARN a évolué avant l'ADN.

4. Des affinités quantiques aux fraternités conscientes

Comme nous l'avons indiqué au point 4, des affinités quantiques fondamentales sont à l'origine du premier « système dynamique vivant », à savoir : un système biologique ouvert, capable de transformer l'énergie qu'il reçoit en un certain ordre dynamique local pouvant se diversifier au prix de sa mort plus ou moins programmée.

Ces processus quantiques interviennent, de façon très intime et profonde, dans la complexification foisonnante des systèmes dynamiques de vie qui ont évolué en un feu d'artifice prodigieusement échevelé pendant plus de trois milliards d'années. Ce sont donc ces mécanismes qui s'opposent, au niveau nanométrique, à l'accroissement inéluctable de l'entropie[7] de toute vie, c'est-à-dire à l'accroissement inéluctable de son désordre final en poussières, celui qui adviendra de lui après sa mort.

Nous sommes partis de l'idée que la vie est apparue et s'est développée dans un bain de fermions et de photons, et ce, en exploitant les potentialités d'interaction électromagnétique des atomes d'hydrogène, de carbone, d'oxygène, d'azote, etc., autrement dit à partir des constituants de la poussière des rémanents des *supernovae*. Ces potentialités sont en nombre pratiquement infini, ce qui signifie *ipso-facto* que nous ne sommes pas en mesure de comprendre dans le détail comment l'on passe du monde nanométrique quantique à la première cellule de vie, et *a fortiori* aux primates que nous sommes par

---

7. L'entropie est une quantité qui permet de caractériser le degré de désordre ou de désorganisation d'un système physique. Lorsqu'un système se désorganise, son entropie augmente.

exemple. Tout au plus peut-on modéliser certains maillons plus ou moins identifiables de la chaîne, et ce, dans une approche systémique forcément réductrice.

Ce que nous venons d'évoquer parcourt la vie à toutes ses échelles, de la biologie moléculaire jusqu'à la complexité de nos sociétés humaines, en passant bien sûr par toutes les étapes clés de l'évolution des systèmes vivants. De ce point de vue, les affinités quantiques participent à la vie un peu à la manière de la lumière. De même que certaines lumières sont visibles et d'autres ne le sont pas, l'on peut dire que dans le spectre[8] très étendu des affinités, certaines sont conscientes et d'autres ne le sont pas. Et ceci est probablement vrai à l'intérieur même de chacun de nous. Nous voulons dire par là que certaines affinités quantiques qui apaisent notre inconscient en créant telle ou telle drogue vont plus ou moins bien « fraterniser » avec d'autres qui structurent et animent notre partie consciente. C'est une des raisons pour lesquelles, semble-t-il, certains sont optimistes et d'autres le sont moins.

Le passage des affinités inconscientes du monde nanométrique à celles plus conscientes de certains animaux et des humains en particulier est bien sûr loin d'être éclairci. Ce n'est pas pour autant qu'il faut renoncer à comprendre ce qui peut l'être, faire l'économie de la raison, et réfugier son être pensant dans une vision holistique du monde, c'est-à-dire une vision globaliste des choses, comme celle qui prévaut par exemple dans « la mystique néo-gnostique » de Jean-Émile CHARON.[9]

---

8. La notion de « spectre » correspond ici à celle utilisée en physique lorsque qu'on parle par exemple du spectre de la lumière solaire (la palette des différentes couleurs de l'arc-en-ciel).

9. Selon cette mystique, « l'Esprit » se nicherait dans chacun des électrons de notre monde. Le livre dans lequel J.-E. CHARON présente cette vision des choses, « Le monde éternel des Éons », a été publié aux éditions Stock en 1980.

C'est, précisément, parce que le déterminisme et le positivisme du début du XXe siècle ne sont plus aujourd'hui scientifiquement recevables, car tout est ultimement quantique et donc finalement probabiliste, qu'on assiste actuellement à un certain retour du religieux et à l'émergence de conceptions néognostiques de ce type.

Alors, que nous dit la raison dans notre observation du monde ? Eh bien, que parmi les réalisations aventureuses de la Nature, certaines sont belles, harmonieuses, bonnes, voire sublimes, alors que d'autres le sont moins, voire horribles ! Et donc, si par exemple certains types de pensée, de comportement ou de développement échouent, alors d'autres prennent la relève. Autrement dit, dans sa logique floue, la Nature élimine, le moment venu, ce qui dysfonctionne. Ainsi, ce qui semble triompher aujourd'hui, comme la conscience humaine notamment, pourrait un jour – si nous n'y prenons garde – disparaître. Le titre du livre du philosophe naturaliste Yves PACCALET, L'humanité disparaîtra, bon débarras ![10] en dit long sur ce point.

_____

10. Y. PACCALET, « L'humanité disparaîtra, bon débarras ! », Ed. J'ai lu, 2007.

◤ Point 6

L'évolution des représentations

Dans l'histoire des civilisations, on observe bien sûr une évolution des représentations des choses de notre monde. Par exemple, dans le monde méditerranéen, le philosophe grec ANAXAGORE avance l'idée, cinq siècles avant notre ère, que le Soleil est une grande « pierre de feu » éloignée de la Terre[1] ; il estime son rayon à environ 60 km ; ce rayon est en fait de l'ordre de 696'000 km. Cela dit, ses idées vont déjà à l'encontre des croyances de son temps, ce qui lui vaut d'être exilé d'Athènes. Il faut attendre COPERNIC pour voir arriver en 1543 un modèle d'Univers, à peu près acceptable, dans lequel le Soleil est au centre et les planètes tournent autour de lui.

Chacun sait aujourd'hui que vue de Saturne, la Terre est un tout petit « pixel bleuté », lequel disparaîtrait d'ailleurs complètement de nos yeux dès lors que l'on se trouverait dans l'environnement de *Proxima du Centaure*, l'étoile la plus proche de nous, à environ 4 années-lumière. Et dans ce ciel de là-bas, notre Soleil est bien visible certes, mais comme une étoile parmi beaucoup d'autres. Enfin – car il faut bien nous arrêter quelque part – bien que la taille de notre galaxie soit d'environ 100'000 années-lumière, une fois arrivés au sein d'Andromède

---

1. Pour ANAXAGORE, le soleil était une pierre ignée ; cf. « Les présocratiques », bibliothèque de la pléiade, ANAXAGORE A3, A11, A12 ; et pour plus de détails concernant ses erreurs de mesure, consulter le texte www.jf-noblet.fr/grecs/anaxagore.pdf.

(la galaxie spirale la plus proche à 2,55 millions d'années-lumière), il nous faudrait être astronome pour savoir trouver la nôtre en son ciel.

Quant aux représentations exprimées dans des textes fondateurs, comme celui de la Genèse dans la Torah, et celles de la fin du XXe siècle, l'évolution est considérable. Notre vision du monde et du vivant, en particulier, a profondément changé. Ainsi par exemple, les chrétiens d'aujourd'hui pensent certes qu'il y a eu création, mais ils ne s'entre-tuent plus désormais au seul motif de savoir si c'est Dieu ou Satan qui a créé le monde.[2] Cela dit, il faut néanmoins savoir qu'à ce jour, on trouve encore aux États-Unis 46% de créationnistes purs et durs, c'est-à-dire des personnes qui pensent que Dieu a créé l'homme et la Terre − tels que nous les voyons aujourd'hui − il y a moins de 10'000 ans ; et parmi ceux-ci, le vice-président de ces « États désunis » : Mike Pence !

1. Les représentations simplistes et leurs idéologies

Nos croyances (ou nos convictions) se réfèrent souvent à des représentations trop simplistes du monde. Ces

---

2. L'opposition de 2 principes, celui du Bien et celui du mal (autrement dit celui de l'Être et celui du néant), passant pour « dualiste », est souvent assimilée par erreur à de l'antique manichéisme, alors que l'Être est « Tout » et le néant n'est « rien ». Cette opposition relevant des croyances dites « cathares » est ici poussée à l'extrême : en créant un monde où c'est le purin qui fait pousser les salades, le mal (Satan) a brisé une certaine continuité du Bien (Dieu). Pour les catholiques médiévaux au contraire, en créant le monde, Dieu est bon et parfait, le mal étant assimilé à une simple « privation du Bien ». Au moyen âge, le bras armé de l'Église catholique romaine conduisait les cathares au supplice du feu (et en fait, pour bien d'autres raisons, politiques notamment). Ils furent ainsi systématiquement exterminés.

représentations, qu'elles soient religieuses ou économiques, sont potentiellement tragiques. Notre histoire en est lamentablement remplie. Un enseignement digne de ce nom devrait en faire état systématiquement. Ces représentations sont en effet associées à des idées reçues, qui se veulent justes et profondes, mais qui ne reflètent en rien ce qu'est vraiment le vivant dans son évolution au sein de notre biosphère. Les deux exemples suivants peuvent illustrer notre propos :

1) L'interruption volontaire de grossesse et l'euthanasie doivent être interdits en droit (par la loi), quelles que soient les circonstances, car la vie est un don de Dieu.[3]

2) Plus on est nombreux, plus on est fort. Il faut donc une croissance libérale plus ambitieuse pour créer davantage d'emplois.[4]

L'obscurantisme des assertions de ce type est en fait beaucoup plus inquiétant que le réchauffement climatique. Il en est d'ailleurs l'un des facteurs. C'est un vrai fléau pour l'humanité ! Qui ose le dire aujourd'hui ? L'Onu ? L'Unesco ? Le Fmi ? Ou encore le pape François dans son encyclique écologique *Laudato Si* (Loué sois-Tu) ? Certes non ! Ce dernier n'y remet même pas en cause la première injonction du verset patriarcal 28 du premier chapitre du Livre de la Genèse où, après avoir

---

3. « La vie est un don de Dieu » est une assertion tout à fait conforme au corpus idéologique de l'église catholique romaine et de bien d'autres religions ; elle est d'ailleurs souvent reprise par le pape François. Conformément à l'analyse de Spinoza dans l'appendice du premier livre de L'Éthique, « la volonté de Dieu » qui nous aurait ainsi donné vie est vraiment « l'asile de l'ignorance ».

4. Le bien-fondé des analyses proposées par les sciences économiques et sociales dépend de la manière dont on prend en compte les paramètres choisis lors de la modélisation des problèmes considérés. Comme pour bien d'autres phénomènes de la Nature, les prévisions à long terme ainsi obtenues ne sont pas stables ; elles ne sont donc pas fiables. Cela dit, on ne peut tout de même pas attribuer à ces sciences des déductions aussi simplistes que celle-ci.

créé l'homme et la femme, « Dieu les bénit et leur dit : Soyez féconds, multipliez-vous, remplissez la Terre et soumettez-la. »

On est alors en droit de se poser la question : qui est le plus sage ? Le pape FRANÇOIS ou CIORAN quand il nous dit[5]

> À quel point l'humanité est en régression, rien ne le prouve mieux que l'impossibilité de trouver un seul peuple, une seule tribu, où la naissance provoque encore deuil et lamentations.

Ni l'un, ni l'autre bien sûr ! Cela dit, il existe certainement un juste milieu.[6] Mais sommes-nous responsables des croissances démographiques inquiétantes en Afrique et en Inde notamment ? Peut-être un peu ; mais dans une réflexion approfondie sur le « Vivre ensemble », il faut bien évidemment en définir les contours et même parfois en fixer les limites voire les frontières. Dans ce cadre, il convient bien sûr de soutenir – partout dans le monde – ceux qui s'efforcent de réduire l'influence des idéologies natalistes.

Quant aux politiques, par ignorance ou pire par intérêt, ils ne font souvent qu'effleurer la complexité des problèmes sociétaux. Au risque de cliver (disent-ils), ils ne précisent pratiquement jamais dans le détail les représentations du monde auxquelles ils se réfèrent. N'invoquer que certaines « valeurs civilisationnelles », comme si cela suffisait en la matière, est loin d'être satisfaisant.

---

5. E. Cioran, « De l'inconvénient d'être né », Ed. Gallimard, 1987.

6. La croissance de la population mondiale est telle qu'en 2020 on peut déjà parler de surpopulation. La surexploitation écologique est de l'ordre de 70%. Un objectif raisonnable pour la planète serait de compter en 2050 environ 5 milliards d'êtres humains et non 10. Au niveau mondial, il faudrait donc encourager les femmes à ne pas avoir d'enfants ou en avoir un ou deux au plus ; certaines d'ailleurs se sont déjà engagées dans cette direction.

Par exemple, des valeurs dites universelles, comme celles associées au droit de vote, ne sont pas adaptées aux pays dans lesquels les religions encouragent leurs fidèles à avoir beaucoup d'enfants.[7] L'influence des laïques est alors amoindrie. Il en est ainsi, en particulier, pour les laïques en Palestine qui doivent coexister avec les juifs ultra-orthodoxes de Jérusalem (notamment) et les musulmans sunnites ou chiites de la bande de Gaza et de Cisjordanie. Dans ce cas, la démocratie contribue à accroître la puissance des bombes démographiques du conflit, lesquelles menacent déjà d'exploser à tout moment. Les « laïques sérieux » contrôlent leur fécondité parce qu'ils sont conscients de la gravité des problèmes économiques et environnementaux de leur pays et du monde. Ils sont ainsi plus responsables. Selon nous, il ne suffit donc pas d'être né pour accéder au droit de vote à un âge dit de raison. Il faudrait aussi pouvoir en faire preuve. Naturellement, tous ces électeurs potentiels pourraient voter pour constituer les commissions de sages chargées d'en juger.

2. Une hiérarchie des représentations, laquelle ?

Comme nous l'avons déjà souligné au point 2, la relation objet-image, au sens mathématique et philosophique du terme, n'est pas inversible. Pour les physiciens contemporains, les représentations d'un même objet-sujet, forcément incomplètes, sont néanmoins hiérarchisées.

---

7. Dans certaines religions, en effet, qui plongent leurs racines dans l'antiquité grecque notamment, la femme est identifiée à la terre dont l'homme est le « laboureur » ; la protection sociale des personnes âgées était alors garantie par une forte descendance.

Pour préciser ce qu'il faut entendre ici par « hiérarchie », le mieux est de se référer à ce que disait PAULI[8] sur ce point :

> Il apparaît en effet que la physique, à mesure qu'elle poursuit son évolution, n'en tient pas tout simplement pour nulles et non avenues les phases antérieures, mais qu'elle se borne à délimiter le domaine de leurs applications, en les intégrant comme des cas particuliers aux systèmes plus vastes qu'elle est en train d'édifier.

Considérons par exemple la théorie de la relativité restreinte formulée par EINSTEIN en 1905. Cette théorie, qui complète certains travaux effectués vers la fin du XIXe siècle par LORENTZ et Henri POINCARÉ, tire toutes les conséquences physiques du fait que la vitesse de la lumière dans le vide a la même valeur dans tous les référentiels inertiels[9] ; ces référentiels ne diffèrent que par leur vitesse de translation relative constante. Les équations correspondantes, les transformations de LORENTZ, conduisent à des prévisions qui heurtent le sens commun ; mais aucune de ces prévisions n'a été infirmée par l'expérience. Cette approche sera modifiée par EINSTEIN en 1915 pour tenir compte de la gravitation ; de restreinte, la relativité deviendra alors générale (voir la section 3 du point 3, et la section 4 du point 4).

Vers les années 1926-27, DIRAC n'était pas satisfait par l'équation relativiste qui rendait compte (à cette époque-là) de la mécanique ondulatoire des électrons très rapides : l'équation de KLEIN-GORDON. Il a alors cherché à transformer l'équation de SCHRÖDINGER de façon à la rendre « invariante »

---

8. W. PAULI , « Physique moderne et philosophie », 1961, Ed. Albin Michel 1999, p. 108.
9. Un référentiel inertiel ou galiléen est un référentiel (un repère) dans lequel tout corps ponctuel libre de toute interaction est en mouvement de translation à vitesse constante.

sous les transformations de LORENTZ. Il a ainsi trouvé en 1928 l'équation relativiste qui porte son nom. Cette équation, qui prend en compte le spin demi-entier des électrons, prédisait aussi et surtout l'existence de leurs antiparticules : les positrons. Ces antiparticules furent découvertes expérimentalement quatre ans plus tard par ANDERSON.[10] On peut ainsi considérer à juste titre que la relativité restreinte est à l'origine du modèle standard (voir la section 4 du point 3).

La relativité restreinte a eu également un impact philosophique en éliminant toute possibilité d'existence d'un temps et de durées absolus dans l'ensemble de l'Univers. Dans ce contexte, les réflexions d'Henri POINCARÉ ont forcé des philosophes comme BERGSON à se poser différemment la question du temps et de l'espace.

La théorie einsteinienne de la gravitation (la relativité générale) affine aussi la théorie de la gravitation de KEPLER (voir la note 6 de bas de page du point 3). Elle rend compte d'une plus grande variété de phénomènes, comme les mirages gravitationnels[11] par exemple. De même, la mécanique quantique de SCHRÖDINGER contient la mécanique classique de NEWTON. Ainsi par exemple, en moyennant la distribution de probabilité de présence d'un électron (non relativiste[12]) dans un champ électromagnétique, telle qu'elle nous est donnée par la mécanique quantique, on retrouve celle de la

---

10. C.D. ANDERSON, "The positive Electron," Physical Review, Vol. 43, 1933.

11. Dans le vide, la lumière se déplace habituellement en ligne droite ; mais dans l'espace-temps einsteinien déformé par un corps céleste massif, comme un amas de galaxies par exemple, sa trajectoire n'est plus rectiligne. Elle suit les géodésiques de cet espace. Ainsi, une source lumineuse située derrière un tel amas aura une (ou plusieurs) position(s) apparente(s) différente(s) de sa position angulaire réelle : c'est le phénomène de mirage gravitationnel.

12. C'est-à-dire un électron dont la vitesse est très inférieure à celle de la vitesse de la lumière dans le vide.

mécanique classique newtonienne ; souvenons-nous de ce que disait MONTAIGNE bien avant SCHRÖDINGER : « Je ne puis assurer mon objet. Il va trouble et chancelant d'une ivresse naturelle ».

Pour tout ce qui concerne les particules élémentaires et leurs interactions, notamment dans « la construction et la dynamique » du vivant, la physique quantique est parfaitement satisfaisante : elle permet d'appréhender tous les phénomènes observés à ce jour. Et il en est de même pour la relativité générale dès lors que des masses importantes sont à prendre en considération. Cela dit, ces deux théories n'ont pas encore été unifiées, s'il y a d'ailleurs lieu de le faire ; elles semblent en effet inconciliables, au moins à première vue. Par exemple, le temps s'écoule de façon linéaire en mécanique quantique, alors qu'en relativité générale c'est une variable dont la valeur dépend de la présence d'objets massifs dans la zone où on le mesure. La théorie des cordes et la gravitation quantique à boucles, deux approches qui visent à atteindre plus ou moins cet objectif, n'ont pas encore été validées par l'expérience. Une difficulté majeure en rapport tient à ce que nous ne savons pas ce qui s'est passé lors du chaos de notre Big Bang, dans la durée de Planck, un temps de l'ordre de 10^{-43} seconde.

Souvenons-nous enfin qu'il n'y a pas forcément unicité des représentations mathématiques correctes d'un même phénomène physique : plusieurs représentations théoriques distinctes peuvent rendre compte correctement d'un même phénomène. Par exemple, en 1927, DIRAC a montré l'équivalence entre la mécanique quantique en représentation de SCHRÖDINGER (publiée en 1926) et en représentation de HEISENBERG (publiée en 1925).

3. Les représentations et le poids de leur sens

Nous savons aujourd'hui que notre monde ne ressemble en rien à celui d'ARISTOTE par exemple. Remonter des images que nous en avons à la compréhension de sa dynamique est l'enjeu même de toute démarche scientifique.

La matière au sens où l'entendaient nos ancêtres n'est plus ce qu'elle était. Mais qu'est-ce donc que ce brouillard de fermions en interaction *via* les bosons ? On n'en sait rien ! En revanche, ce qui est clair, c'est que les humains que nous sommes en sont des « grumeaux dynamiques » d'une complexité inouïe. Fantômes d'un réel ontologique insaisissable, nous cherchons, à tâtons, sinon à en saisir la substance, au moins à en comprendre les mécanismes profonds…

Il n'est donc pas surprenant que bien des humains soient aujourd'hui en total désarroi et que certains se sentent même déboussolés. Les camelots du sens, toujours à l'affût, ont donc encore de beaux jours devant eux. Et SPINOZA pourrait encore dire, bien que quatre siècles se soient presque écoulés[13] :

> Et ainsi arrive-t-il que quiconque cherche les vraies causes des prodiges et s'applique à connaître en savant les choses de la Nature, au lieu de s'en émerveiller comme un sot, est souvent tenu pour hérétique et impie, et proclamé tel par ceux que la foule adore comme des interprètes de la Nature et des dieux.

---

13. Cette citation de SPINOZA est extraite de l'appendice du premier livre de L'Éthique.

Et parlant de ces herméneutes, ces bonimenteurs, pourvoyeurs de « croyances » élevées au rang de « dogmes religieux intangibles », il ajoutait (en substance) :

> Ils savent bien que détruire l'ignorance, c'est détruire l'étonnement imbécile, c'est-à-dire leur unique moyen de raisonner et de sauvegarder leur autorité.

Les représentations de la physique des choses de ce monde nous invitent à méditer sur ce que nous ne savons pas, et par là même à déceler les sens qui sonnent faux. Elles doivent être revisitées sans cesse et améliorées autant que faire se peut. Leur évolution définit ainsi pour les humains « un sens relatif » en perpétuel devenir. La philosophie qui en découle pourrait donc affiner par là même celle de Schopenhauer d'un monde absurde, c'est-à-dire dénué de tout sens. Dans une approche de ce que pourrait être ce sens relatif, il convient à présent d'introduire une certaine distinction entre le fait de vivre « à la surface du vivant » et celui d'être « en ses profondeurs ».

Selon nous, « vivre » à la surface du vivant, comme un oiseau dans sa canopée, serait ressentir et agir à flot continu dans le cadre de nos représentations courantes des choses de notre environnement. On vit ses croyances religieuses ou politiques, ses servitudes volontaires, ses amours, ses passions, etc. Ce faisant, on confond (souvent à tort) les objets-sujets concernés avec les représentations que nous en avons ; elles nous semblent en effet fonctionner ou devoir fonctionner à notre échelle.

En revanche, « être » serait méditer sur les limites de nos représentations et les affiner si possible en faisant ainsi progresser le sens au sein de ce que nous percevons de la Nature et de l'Être. Le fait d'être serait ainsi le souffle d'une respiration plus profonde du vivant.

 **Point 7**

La violence du vivant

Précisons tout d'abord d'un point de vue physique ce qu'est la violence du vivant. Cette clarification devrait nous aider à mieux appréhender ses retombées, bien en aval, du côté de notre condition humaine et de nos sociétés notamment.

Comme nous l'avons indiqué au point 3, la dynamique de la Nature s'analyse *via* quatre interactions fondamentales : les interactions gravitationnelle, électromagnétique, et les interactions nucléaires faible et forte. Chacune de ces interactions peut donner lieu à des phénomènes très violents. En ce qui concerne la gravitation par exemple, comme nous l'avons précisé au point 4, la fusion de deux étoiles à neutrons s'opère *via* des phénomènes cataclysmiques dont la violence dépasse de beaucoup celle qui nous effraie déjà lors d'une explosion de type *supernova*.

La foudre, le feu, la lumière, la physique nanométrique, la chimie, la biologie moléculaire, et par là même tous les processus du vivant, sont des réalisations de l'interaction électromagnétique. Ses mécanismes relèvent donc en dernier ressort de l'électrodynamique quantique. Certains phénomènes électromagnétiques sont paisibles et d'autres sont violents. Par exemple, la lumière d'un soir d'été est douce, alors que celle de la foudre l'est moins. Il en est donc de même des choses de la vie puisqu'elle procède de cette même interaction.

1. La violence consubstantielle à la vie

Pour comprendre que la violence du vivant est inhérente à ce qu'est la vie, il nous faut maintenant évoquer un principe qui concerne l'évolution de la complexité des systèmes physiques ; c'est le second principe de la thermodynamique :

> L'entropie d'un système isolé ne peut que croître au cours du temps.

Cela signifie simplement que la complexité d'un tel système ne peut que décroître. Un système est dit être « isolé » s'il est tel qu'il ne peut y avoir de transfert d'énergie avec les systèmes qui lui sont extérieurs. Ainsi, par exemple, si nous sommes dans une pièce hermétiquement fermée et ne mangeons rien, au bout d'un certain temps notre système biologique finira par ne plus penser, et à terme, se décomposera en poussières, ce qui signifie en clair qu'il aura alors beaucoup perdu de sa complexité. Rien n'échappe à ce principe.

Dans le langage courant, le concept d'énergie peut revêtir plusieurs sens. Dans ce qui vient d'être dit, il s'agit de l'énergie telle qu'on la définit en physique sans ambiguïté.[1] De même, la notion de puissance, telle qu'on l'introduit en physique, a une signification bien définie ; c'est une énergie (produite, transférée ou consommée) par unité de temps. Dans ce qui relève de l'essence des choses de la vie, nous utiliserons la notion de puissance avec cette signification physique stricte. On peut néanmoins s'autoriser certains écarts ; au niveau sociétal par

---

1. Dans le Système International (SI), l'énergie se mesure en « joule » ; on utilise encore parfois une ancienne unité : la « calorie » qui vaut 4,18 joules. On dira ainsi, par exemple, que ce repas nous a apporté 800 kilocalories (kcal).

exemple, on peut parler de « volonté de puissance » en restant cohérent avec ce qui vient d'être dit.

À ce stade, une remarque s'impose : le processus qui consiste, pour un système quelconque, à aller chercher son énergie ailleurs afin de maintenir ou accroître sa complexité, est plus ou moins violent. Ainsi, par exemple, se déplacer grâce à l'énergie solaire nous semble moins violent que de le faire en brûlant des hydrocarbures. En fait, la lumière qui nous vient du soleil résulte d'un processus thermonucléaire très violent mais qui se produit très loin de nous ; nous vivons donc en oubliant sa violence originelle. Et il en est un peu de même lorsque nous consommons de la viande en oubliant ce qui se passe dans les lieux d'abattage des animaux.

Chaque système vivant se préserve contre la mort, aussi longtemps qu'il le peut, en assurant un équilibre toujours précaire : l'homéostasie, c'est-à-dire sa capacité à maintenir l'équilibre de son milieu intérieur, quelles que soient (ou presque) les contraintes extérieures. Au cours de l'évolution et des temps géologiques, l'homéostasie a réclamé toujours plus de structures et de complexité, toujours plus de superstructures, d'où la nécessité d'un apport de plus en plus important d'énergie.

Comme nous venons de le voir, la notion de violence fait certes référence à la puissance consommée par le système pour sa survie, mais aussi à la puissance originelle requise dont il n'utilise qu'une partie *via* ses interfaces énergétiques.

La violence a aussi souvent pour nous un aspect moral particulier. Elle est « moralement » identifiée comme telle, si cette puissance est « pompée » chez autrui sans son accord. Par extension aussi, si l'on ne fournit pas à un système vivant, par excès ou par défaut, la puissance dont il a besoin, on dira qu'on lui fait violence, surtout s'il en est conscient et qu'il en souffre.[2] En effet, on contribue alors à la diminution de sa complexité, au point de le détruire, et ce, plus ou moins rapidement, plus ou moins violemment dira-t-on.

D'une façon générale, il est donc clair que la violence est consubstantielle au vivant. Pour approfondir cette analyse, portons à présent notre attention sur les végétaux et les animaux. Ce sont tous des eucaryotes, c'est-à-dire des systèmes vivants dont le matériel génétique est stocké à l'intérieur du noyau de chacune de leurs cellules (étymologiquement, ceux qui ont un « bon noyau » : en grec ancien, « *eu* » signifie « bien » et « *karyos* » « noyau ») ; à titre indicatif, environ 30% du patrimoine génétique des humains se retrouve dans celui des choux-fleurs. Dans ce qui suit, nous laissons donc de côté les bactéries, ce qui n'est pas très aimable à leur égard : en effet, *via* les transformations chimiques qu'elles effectuent, ce sont des esclaves des eucaryotes. Elles en vivent aussi sans doute, et peuvent donc à l'occasion exercer des violences en retour.

En règle générale, les végétaux sont moins violents que les animaux. La raison en est simple : comme ils ne se déplacent pas, la puissance requise pour leur survie et leur développement est plus faible que celle requise pour les animaux, surtout quand ces derniers sont volumineux et donc lourds.

Les transformations impliquées dans la fabrication des protéines des cellules végétales s'effectuent essentiellement à partir des minéraux contenus dans le sol en utilisant comme énergie de base celle transportée par la lumière, et ce, grâce au monde quantique de la fonction chlorophyllienne dont nous avons parlé dans la section 1 du point 5.

---

2. Selon des scientifiques qui ont travaillé sur la souffrance des animaux, les homards et autres crustacés possèdent des systèmes nerveux complexes et ressentent des douleurs lorsqu'ils sont ébouillantés. En raison de cela, la loi helvétique fait aujourd'hui obligation d'étourdir ces crustacés avant de les mettre à mort.

Les animaux ont recours à des processus de prédation plus violents. Les documentaires animaliers en disent long sur ce point : végétariens, carnivores ou omnivores, ils se nourrissent tous d'autres eucaryotes ; ce sont tous des « eucaryophages ».

Mais comme toujours, les choses ne sont pas aussi simples. Il existe des plantes carnivores qui peuvent ainsi survivre sur des sols pauvres en substances azotées. Les hominidés que nous sommes sont des animaux omnivores *via* les ancêtres des primates et des poissons.

D'une façon générale, plus un système se complexifie, plus on doit s'attendre de sa part à des actions violentes sur son milieu extérieur, au moins dans certaines phases préliminaires de son évolution. C'est ainsi que certains animaux, comme les dauphins et les hommes en particulier, peuvent parfois être très violents, voire cruels. Clarifions ce point important.

Toute conscience qui perçoit, même confusément, certaines potentialités prodigieuses de son élan vital, peut s'en sentir souvent frustrée par les contraintes de son environnement. Ce dernier est alors perçu comme étant violent à son égard. En réaction, cette conscience, fût-elle partielle, peut s'engager dans un processus de colère, dont la puissance et (par là même) la violence peuvent s'avérer dévastatrices pour son environnement comme pour elle-même. Les violences sexuelles, notamment, s'inscrivent dans ce cadre. L'analyse de nos comportements psychologiques, sociologiques, économiques et politiques pourrait s'enrichir de cette réflexion scientifico-philosophique élémentaire. Par exemple, agiter un drapeau pour soutenir « son équipe » dans un événement sportif est – bien souvent – un « étourdissement clanique primitif » qui permet simplement d'oublier – pour un temps – certaines frustrations plus ou moins conscientes.

Chaque humain est un biotope très complexe en interaction avec un environnement qui l'est davantage encore. Ce biotope est le siège de nombreuses violences plus ou moins conscientes. Par exemple, certains désirs peuvent être en conflit avec l'idée que l'on se fait du bien ou du mal. Certains en sont ainsi allés jusqu'à à l'autocastration.[3] D'une façon générale, certains conflits psychologiques ont pour effet d'engager des processus de violence interne qui affectent certains organes comme l'estomac ou le cœur ; l'accident vasculaire cérébral est tout proche. On dit alors que la personne somatise.

2. La peur, l'ignorance et les violences sacrificielles

L'éveil de la conscience de l'homo sapiens s'est d'abord probablement traduit par un sentiment d'étonnement et d'effroi. Et il y avait de quoi ! Que faisait-il là, dans ce monde étrange, avec ces végétaux, ces arbres et tous ces animaux ? Que pouvait-il penser du Soleil, du jour, de la Lune et de toutes ces étoiles au firmament des nuits ? Il y avait aussi la pluie, le vent, les éléments déchaînés, la foudre et le feu.

Il subissait la domination des plus forts, souffrait de blessures diverses ; il était aussi confronté à la mort, à celle de ses proches, à celles des femmes et des enfants lors des enfantements tragiques, etc. Bref, le temps n'était pas à s'interroger sur son être pensant ; l'urgence était dans la stratégie et l'intendance de survie.

---

3. En Russie, au début du XXe siècle, les adeptes de la secte des Skoptzy pratiquaient encore des automutilations collectives. Ces adeptes vivaient avec la croyance qu'Adam et Ève étaient coupables d'avoir eu des rapports sexuels. La seule manière d'éviter le péché passait dès lors par l'autocastration.

Devant la violence qu'ils subissaient de leurs semblables et de leur environnement, les hominidés avaient donc peur ; ils étaient même souvent terrorisés. Il fallait fuir, s'abriter dans le monde végétal, se cacher dans des grottes, panser ses plaies, s'organiser en clans, et commencer à songer à des outils de chasse, de vengeance et de guerre. Sinon, pour la survie, il ne restait plus qu'à exercer, en retour, des violences réflexes, sans limite, jusqu'à la mort.

Il y avait – bien sûr – la violence de ses semblables, tout proches, ou cachés on ne sait où, celle des animaux, mais aussi celle qui semblait venir des cieux. Et ceux-ci étaient, de toute évidence, lointains et inaccessibles. Il ne pouvait donc s'agir, venant d'en haut, que de la colère des dieux, ces sinistres inconnus, sinon tout puissants, en tout cas les plus forts. Pour tenter de les apaiser, le réflexe primitif fut donc de leur offrir en cadeau des victimes expiatoires. Il y eut ainsi le temps des violences sacrificielles et des boucs émissaires. Une grande partie de notre humanité n'est pas encore sortie de ces temps-là. Pensons, par exemple, aux rites chiites d'autoflagellation,[4] aux extravagances en rapport, et à d'autres du même type chez les judéochrétiens.[5]

Comme ABRAHAM, qui avait focalisé sa peur et son salut (au sens religieux du terme) en un seul Dieu, lequel aurait

---

4. Le « Tatbir » (en arabe) est un rituel d'autoflagellation, par chagrin, en raison de la mort du jeune petit-fils de Mahomet, l'imam Hussein ibn Ali, qui a été tué à la bataille de Kerbala.

5. Le pape JEAN-PAUL II était familier d'une « théologie de la souffrance ». Il portait un cilice (une chemise rugueuse) pendant le carême et se flagellait avec sa ceinture. C'est ce qu'affirme « Pourquoi il est saint : le vrai JEAN-PAUL II », un livre en italien de l'évêque Slawomir ODER qui fut chargé de l'enquête sur la canonisation du défunt chef de l'église catholique. Ces révélations montrent que cette pratique a encore cours dans cette église chrétienne. Or la souffrance ne sauve de rien ; elle ne fait qu'ajouter du tragique au tragique du vivant.

sacrifié son fils unique un peu plus tard, certains en sont toujours à vouloir sacrifier ce qu'ils ont de plus cher. D'ailleurs, qui
n'a pas fait de son mieux, et donc n'importe quoi ou presque,
pour un souffle de sens ? Oui, le puits de l'ignorance de notre
raison d'être est en chacun de nous sans fond.

3. Un lourd patrimoine de violences

La question suivante peut vraiment nous interpeller : sans
les violences perpétrées par nos ancêtres, pourrions-nous percevoir aujourd'hui certaines harmonies sublimes du monde,
comme celles par exemple de la musique, de la poésie, des
mathématiques, ou même de la spiritualité ? La réponse est non.
Nous sommes en effet des réalisations aventureuses du vivant
dans lesquelles les mécanismes de prédation biologiques et
sociologiques ont joué, sur 8 millions d'années au moins,
un rôle déterminant. Ainsi est-il difficile de trouver aujourd'hui
une nation, une civilisation, un empire qui soit venu au monde
sans violences ; toujours des guerres, des révolutions ou d'autres
péripéties putschistes suivies de longues périodes de normali-
sation, de renoncement et d'oubli. Lorsqu'on est convaincu
de cela, on éprouve un certain malaise. En effet, goûter le
sublime, en oubliant vraiment d'où il procède, nous semble
relever d'une inconscience monstrueuse ; nous serions ainsi,
en quelque sorte, comme ces généraux de la Schutzstaffel (SS)
qui après avoir « visité » un camp de concentration allaient fêter
Noël avec leurs enfants dans une atmosphère chaleureuse.
Toute proportion gardée, le tragique du vivant, et de l'épopée
humaine en particulier, a aussi quelque chose à voir avec cela.
On se retrouve ainsi orphelin, non seulement de Dieu ou des

dieux d'antan, mais aussi, de ce que pourrait être l'Humain dans un devenir lointain. On ne voit pas pourquoi il y aurait prescription ! *Via* la génétique et l'épigénétique, les enfants ne sont pas vierges des violences et des crimes de leurs parents ; il est simplement convenu en droit (pour le Vivre ensemble) qu'ils en sont innocents.

On pourrait donc finalement penser que dans son évolution vers la complexité et tout ce qui s'apparente à la conscience, la vie est une abomination des lois de la Nature. En n'en retenant que le meilleur, et en oubliant tous ces crimes, certains privilégiés (de celle-ci) diraient plutôt une merveille. À chacun d'en juger ! En effet, en raison notamment de certaines inégalités biologiques fondamentales, la réponse ne peut pas être unanime.

Le concept judéo-chrétien de « péché originel » ne serait donc pas aussi daté qu'il en a l'air à première vue ; il nous parlerait tout simplement de la charge gravissime d'être au monde. Les cathares pensaient même que seul un diable (Satan) avait pu tisser la « tunique » de leur être. Mais, comme toujours, les choses sont plus subtiles. Dans l'un de ses livres,[6] Christian Bobin, un écrivain contemporain très attentif à tout ce qui vit dans le vivant, le dit à sa manière très poétiquement : « J'ai pris la main du diable ; sous ses ongles, j'ai vu de la lumière. » Nous verrons au point 8 de quelle lumière il pourrait s'agir ; mais parlons d'abord de l'ombre avant de nous aventurer vers cette lumière-là. Cette dernière pourrait en effet nous éblouir, et donc finalement nous aveugler.

---

6. C. Bobin, « L'homme-joie », Ed. L'iconoclaste, 2012.

4. Dominants, dominés, des foyers de violence

Les principes qui structurent l'organisation d'une entreprise multinationale, d'un empire ou même d'un État, fût-il démocratique, entraînent souvent les sociétés dans des spirales de violence sans merci. Au motif de satisfaire les désirs du plus grand nombre, voire de les susciter, il s'agit toujours d'accroître la complexité tentaculaire du système. L'essentiel est que sa direction reste aux mains d'un petit nombre d'égos, et parfois même, d'un seul d'entre eux : le chef. Celui-ci se trouve ainsi dans une position biologique dominante, comme la reine des abeilles dans la ruche. Tout le système le conforte dans l'idée que c'est la Nature qui lui a donné le pouvoir du Maître. Dans l'architecture de son affaire, c'est lui le dominant, en tout cas celui désigné comme tel par la Nature. Les autres, les exécutants, les consommateurs, les laissés pour compte de l'évolution, bref les enfants perdus de mère Nature, sont les dominés de son système. Ainsi, du haut de sa colline, tout fier de sa présence au monde, l'étalon regarde, satisfait, ses juments brouter au fond de la vallée. Alors, peu importe les violences, les humiliations et les souffrances induites par la frénésie de l'accession à ce pouvoir-là ; peu importe aussi leur impact épigénétique sur plusieurs générations ; peu importe donc, naturellement, les moyens mis en œuvre pour le conserver.

Le dirigeant d'une multinationale, d'un empire puissant, d'un État ou même d'un syndicat ou d'un parti politique, ne verra même pas les effets de cette violence. Tout un système de protection de son statut dominant, sa cour, lui rappellera sans cesse que c'est pour le bien commun qu'il agit ainsi, qu'on ne fait pas d'omelette sans casser des œufs, etc. Il finira donc par en être persuadé.

Mais cette violence finit toujours par susciter chez les dominés une violence en retour, une violence souvent aveugle, dévastatrice, et le système finit par s'écrouler comme ce fut le cas de tous les empires. Pensons par exemple à ceux de Charlemagne et de Napoléon en Europe, et celui de la dynastie des Han en Chine. L'histoire de l'humanité n'est en fait, à ce jour, qu'une succession ininterrompue d'épopées dramatiques de ce type.

Tout indique en effet que le désir de pouvoir, de possession, voire même de descendance, repose sur une structure psychologique mimétique ; autrui se révèle fatalement comme un rival qui désire les mêmes choses que moi. Le désir concerne ainsi un objet convoité par des rivaux potentiels ou réels ; l'Éros porte donc souvent en lui la puissance de Thanatos, toute la violence de la mort.

Il y a aussi les violences et les humiliations induites par les inégalités culturelles. Les langages de la connaissance par exemple sont loin d'être accessibles à tous. Pouvoir accéder aux structures profondes de la topologie algébrique ou même comprendre tout simplement les mathématiques impliquées dans la relativité générale et le modèle standard n'est pas donné à tout le monde. Le langage en rapport et les connaissances qu'il véhicule seraient ainsi réservés à une certaine élite, au moins identifiée comme telle par ceux qui pourraient se sentir exclus de ce festin-là. Les plus lucides comprennent en effet qu'il n'y a pas dans ces domaines que des techniques conceptuelles ; il y a aussi peut-être parfois des grâces de l'Être. À bien des égards, ils peuvent donc se sentir profondément frustrés, voire humiliés. À tort, bien sûr, certains considèreront alors qu'on porte ainsi atteinte à ce qu'ils ont de plus intime, de plus profond : le respect d'eux-mêmes. Ils auront donc, le plus souvent, des réflexes de repli communautaire, ethnique, politique ou religieux, qui pourront entraîner des violences démesurées à l'encontre de ceux qui maîtrisent ces langages et ces concepts. Ce qui vient d'être illustré en parlant des mathématiques concerne aussi la spiritualité et tous les arts, dont la musique, la sculpture, la peinture, et la poésie en particulier. On peut ainsi perdre toute confiance en soi.

5. Les violences des croyances et principes

Chez les humains, les systèmes claniques sont à l'origine de bien des violences. Leur raison d'être, leur développement et leur puissance sont en effet fondés sur des principes ou des idées qui ne sauraient être contestés. Qu'ils soient philosophiques, religieux, économiques ou politiques, ces principes relèvent toujours d'une vision contestable du réel. Pourquoi ? Tout simplement parce que la dynamique du monde et la psychologie des humains en particulier, ne relève pas d'une équation qui serait formulable et dont les solutions seraient stables et robustes.

Pour illustrer ce point, disons un mot tout d'abord de l'obscurantisme des religions révélées et institutionnalisées. La liste des drames en rapport est longue et s'allonge encore chaque jour un peu partout dans le monde, au Moyen-Orient, en Iran, en Afghanistan, au Pakistan, en Inde, au Sri Lanka, et en Indonésie notamment. Ceux liés à certains discours dogmatiques de l'islam sont bien connus en Occident. Nous n'évoquerons donc ici que ceux liés à certaines croyances chrétiennes. L'extermination des cathares (rappelée dans la note 2 de bas de page du point 6) en dit déjà long sur ce qu'on peut attendre de l'obscurantisme en général et de ses bras armés en particulier. Les deux drames présentés ci-dessous en sont d'autres exemples tragiques.

Le premier concerne le sort tragique et horrible d'HYPATIE d'Alexandrie. Cette femme de lettres et de sciences était à la fois philosophe et mathématicienne ; à la tête de l'école néo-platonicienne d'Alexandrie, elle y enseignait la philosophie et l'astronomie. Reconnue de son vivant pour être une professeure de renom et une sage conseillère, cette femme grecque remarquable avait notamment compris, au quatrième siècle de notre ère, plus d'un millénaire avant KEPLER, que dans son mouvement annuel, la Terre parcourait une ellipse dont le Soleil était à l'un de ses foyers. Pour avoir compris ce phénomène et l'avoir exprimé clairement, elle fut horriblement lapidée par une horde de chrétiens fanatiques.

Le second drame concerne le sort tragique de Giordano BRUNO qui fut brûlé vif au *Campo dei Fiori* (au champ des fleurs) à Rome en février 1600, et ce, en application d'un jugement obscurantiste de l'église catholique de l'époque, jugement qui n'a rien à envier à ceux de la loi coranique : la charia.[7]

Giordano BRUNO compte donc au nombre des martyrs de la liberté de penser. À ce propos, il est important de souligner qu'une commission pontificale du pape JEAN-PAUL II, la « Commission pontificale d'étude de la controverse ptoléméo-copernicienne aux XVI-XVIIe siècles », instituée le 3 juillet 1981, a fini par revenir sur la condamnation de GALILÉE (en explicitant ses circonstances conjoncturelles),

---

7. Cette archaïque et horrible loi est notamment en vigueur dans le tout petit état de Brunei. Depuis le 3 avril 2019, les homosexuels et les femmes adultères y sont passibles de lapidation.

mais a réaffirmé à nouveau la condamnation formelle de « l'Église » contre Giordano BRUNO :

> La condamnation pour hérésie de Giordano BRUNO, indépendamment du jugement qu'on veuille porter sur la peine capitale qui lui fut imposée *(chacun appréciera la dérobade)*, se présente comme pleinement motivée pour des motifs théologiques, car le copernicisme de Giordano BRUNO ne présente aucun intérêt au plan des raisons scientifiques.

Or, en montrant notamment qu'on ne peut envisager le mouvement d'un corps dans l'absolu, mais seulement de manière relative par rapport à un système de référence, Giordano BRUNO a ouvert la voie aux travaux de GALILÉE. Ce principe, au fondement de la notion de référentiel inertiel, jouera d'ailleurs un rôle essentiel dans la formulation de la relativité restreinte.

Considérons à présent les violences sociétales de certains principes comme « le principe d'égalité » par exemple. Rappelons que ce principe est censé structurer en droit le fonctionnement démocratique de nos sociétés. Pour en parler sereinement, il faudrait bien sûr, préciser au préalable ce qu'on entend par « égalité » et « droit ». Cela dit, on sait aujourd'hui que, dès sa conception, chaque être vivant est génétiquement unique et irremplaçable. Les potentialités d'un individu ne sont pas celles d'un autre ; le processus de la conception est ainsi fondamentalement inégalitaire, et on peut même dire heureusement ou presque, car c'est ainsi que la vie explore, jusqu'à présent, les différents types de développement possibles. C'est en cela d'ailleurs que « le délire transhumaniste », qui se voudrait – en principe – égalitaire et juste, est *a priori* très inquiétant.

L'amour, comme le désir d'avoir un enfant avec tel ou tel partenaire, obéit à des lois de symbiose biologique qui ne s'énoncent pas en termes d'égalité. Des résonances biologiques diverses l'emportent alors sur tout entendement social notamment. À tort ou à raison, les partenaires d'un tel amour ont en effet le sentiment, *via* leurs cinq sens notamment, que leurs enfants – s'ils venaient à être ainsi conçus – auraient des équilibres naturels enrichissants. Ce que nous dit, par là même, la biologie quantique, c'est que la conception d'un être humain, de façon aléatoire, à partir de partenaires qui ne se connaitraient pas de façon intime, s'apparente vraiment à celle qui pourrait advenir d'un mariage forcé, voire même d'un viol ; c'est un déni de la complexité du vivant dans ses choix quantiques profonds de son devenir ; c'est donc une violence génétique irréversible faite à l'enfant à venir. Le droit à l'enfant devrait donc s'inscrire dans des limites à définir dans cette sagesse du réel.

En ce qui concerne la procréation médicalement assistée, il est ainsi clair *a priori* qu'un anonymat total est à proscrire. Le donneur et la femme impliqués dans une telle procréation devraient au moins se connaître virtuellement. Il va de soi que cela n'empêcherait pas le donneur de renoncer à tous ses droits concernant l'enfant ainsi conçu.

Cela dit, que la société veille à tempérer, eu égard aux droits fondamentaux, les effets inégalitaires de toute conception semble éminemment souhaitable ; c'est d'ailleurs ce que l'on est censé faire dans les civilisations où il reste encore un peu d'humanité.

En revanche, imaginons une société qui, avec les meilleures intentions du monde, voudrait appliquer le principe d'égalité de façon stricte. Nous savons de façon concrète ce qui en résulterait : sa violence serait à terme celle de l'enfer des régimes totalitaires que nous avons connus, et qui existent encore, comme notamment celui de la Corée du Nord.

D'une façon générale, les violences les plus dévastatrices sont les violences qu'on peut vraiment qualifier de fondamentalistes. Ce sont celles qui se déchaînent lorsqu'un individu, un clan, une secte, une communauté, un pays ou une civilisation croît détenir la Vérité sur l'essence des choses de ce monde. Lorsque la volonté de puissance s'empare de ce délire fondamentaliste, rien ne peut en freiner la violence ; elle trouve en effet sa justification dans l'assurance d'être dans le Vrai.

Confrontés à la complexité du réel, les humains un peu plus lucides font preuve d'une certaine humilité. Ils savent que leurs représentations du monde et leurs modèles, aussi subtils soient-ils, n'ont aucune prétention ontologique. Ils n'ont pas l'ambition d'apaiser l'angoisse d'être au monde.

Le positivisme de la fin du XIXe siècle a vécu, et les sciences fondamentales d'aujourd'hui s'efforcent simplement d'identifier les représentations qui ne tiennent pas la route. Leur spiritualité du doute, autrement dit leur spiritualité perplexe, est donc souvent perçue comme négative. Alors, les herméneutes de tout bord, ceux que la foule adore, comme le disait si bien Spinoza, reviennent à la charge. Mais, comme toujours, ils apportent des réponses insensées à des questions mal posées. C'est ainsi que le fondamentalisme fait les ravages que l'on sait chez les personnes fragiles qui n'ont jamais été formées à l'esprit critique. Abrités derrière le bouclier de leurs convictions, ils vont ainsi, l'âme en paix, égorger le mécréant ou le *kâfir* (tel qu'on le nomme en langue arabe dans la religion islamique). C'est donc ainsi que les convictions idéologiques, religieuses ou politiques de tout bord, libèrent et amplifient les violences existentielles des cerveaux reptilien et limbique ; le néocortex leur donne alors le droit de se déchaîner sans limite.

6. Une lueur d'espérance

Les harmonies du bien et du beau relèvent aussi des potentialités de l'électrodynamique quantique ; mais force est de constater qu'à ce jour, ce sont les réalisations malignes qui semblent majoritairement triompher. Tout indique ainsi que leur probabilité d'advenir l'emporte, et de beaucoup, sur celle du bien. Cela dit, pour ce qui est de la démographie et de l'économie politique notamment, l'idée d'une croissance ouverte à tout vent commence déjà à vaciller. Cette croissance folle a un caractère quasiment désespéré car elle s'effectue sur des bases contradictoires : un désir de consommation effréné et la peur de la guerre. Notre planète ayant en effet des ressources limitées, il ne saurait y avoir en continuant ainsi que des fins dramatiques. Comme nous allons essayer de le penser, on peut donc espérer une réaction positive du système avant qu'il ne soit trop tard.

Nos sociétés sont encore loin d'avoir assimilé les avancées scientifiques de la recherche fondamentale du XXe siècle. Elles ne s'émeuvent encore que des constructions techniques et industrielles qui en résultent. Or ces constructions nous éloignent souvent de nos penchants poétiques et de nos potentialités spirituelles de créativité. Par le partage et les échanges, nous pouvons donc espérer sortir positivement de la situation actuelle.

Tout ce qui grouille mal dans ce monde nous incite ainsi à orienter notre regard vers ce qui peut parfois l'illuminer, à savoir ce que nous avons appelé au point suivant : les harmonies de la Nature. Se pose alors la question de savoir comment se dégager de la violence du vivant pour accéder, autant que faire se peut, aux harmonies de l'Être. Force est de constater en effet que dans la Nature, celles-ci sont pour le moins voilées, voire bien cachées.

Dans nos sociétés en perte de repères, les sciences permettent d'apporter quelques éléments de réponse. L'apparition du vivant, comme son évolution, nous montre notamment que l'élan vers le bien et ses vertus doit davantage aux alliances harmonieuses qu'aux rivalités conflictuelles, fussent-elles chevaleresques. Et il en est ainsi dans notre biosphère, à toutes les échelles, des interactions nanométriques de la biochimie aux interactions culturelles et civilisationnelles de notre humanité.

En étant un peu optimiste sur le devenir des humains, on peut donc penser qu'une *métanoïa* devrait advenir plus ou moins progressivement : un retournement par lequel l'humanité s'ouvrirait à plus grand qu'elle-même. On peut ainsi espérer qu'à moyen terme, l'éducation, les médias et les réseaux sociaux orienteront les humains vers des représentations plus acceptables de leur présence au monde.

 **Point 8**

Les harmonies de la Nature

De toute évidence, il existe dans la Nature des phénomènes plus ou moins harmonieux. Cette perception dépend bien sûr des êtres vivants concernés. Par exemple, ce qui est harmonieux pour Mozart ne l'est pas forcément pour un oiseau migrateur. Mais dans les deux cas, il est question de résonance. Une certaine sensibilité cérébrale entre en résonance avec un certain phénomène de la Nature, les structures harmoniques de la musique pour Mozart et la distribution du champ magnétique terrestre pour l'oiseau migrateur.

Pour souligner encore une fois le caractère fondateur des approches présocratiques, il est important de rappeler ici que ce sont sans doute Pythagore et ses disciples qui ont senti les premiers les liens entre les harmonies de la musique et la théorie des nombres. Selon Aristote,[1] ces philosophes remarquèrent que tous les modes de l'harmonie musicale et les rapports qui la composent se résolvent dans des nombres proportionnels.

---

1. Aristote, *Métaphysique*, A, 5, p. 57.

1. Les harmonies et leur sens éventuel

Un objectif majeur de l'humanité est d'identifier les harmonies qui pourraient faire sens. Dans l'un de ses livres,[2] KUNDERA, au désespoir de la finitude des représentations des choses, en vient à faire l'apologie de l'insignifiance. Mais en fait, il ne s'agit pas d'insignifiance au sens strict du terme. Bien au contraire, dans une sorte de méditation poétique, il s'agit de percevoir les harmonies cachées de la Nature, en l'occurrence la chorale des enfants rangée en parfait demi-cercle qui s'apprête à chanter la Marseillaise dans le jardin du Luxembourg à Paris. Mais avant qu'ils ne commencent, la calèche de Staline, qui avait voulu imposer sa représentation du monde par sa seule volonté, doit quitter le jardin impérativement. La fête de l'insignifiance est donc en fait celle des harmonies cachées.

Un poète de notre temps, Christian BOBIN, déjà cité, a intitulé l'un de ses livres La Grande Vie,[3] ce qui sous-entend qu'il y aurait des vies pour lesquelles les harmonies de l'Être seraient plutôt voilées.

> Ce qui manque à ce monde, *dit-il*, ce n'est pas l'argent ;
> ce n'est même pas ce qu'on appelle le sens, ce qui manque
> à ce monde c'est la rivière des yeux d'enfants, la gaieté des
> écureuils et des anges.

C'est de cette vie-là qu'il convient maintenant de parler, celle qu'on pourrait qualifier d'indicible. Comme nous l'avons déjà

---

2. M. KUNDERA, « La fête de l'insignifiance », Ed. Gallimard, 2013.
3. C. BOBIN, « La grande vie », Ed. Gallimard, 2014.

laissé percevoir, elle émerge aussi des potentialités somptueuses de l'électrodynamique quantique. L'homme neuronal n'est en effet qu'une version très schématisée des écosystèmes quantiques hypercomplexes de son être. Nul ne peut avoir la prétention de les comprendre ; on peut simplement s'en faire une idée, une fiction. Comme le chantait Jean FERRAT sur un poème d'ARAGON, « Le poète a toujours raison » ; nous redirons donc avec Christian BOBIN : « J'ai pris la main du diable ; sous ses ongles, j'ai vu de la lumière. »

La beauté des mathématiques, des représentations de la physique théorique et de toutes les créations culturelles, artistiques et poétiques émerge à la surface du vivant, de façon étrange, *via* des architectures quantiques fabuleuses, indescriptibles. La probabilité que ces concepts et ces vertus puissent advenir est, de toute évidence, faible, mais non nulle. Il en est de même, en particulier, des liens profonds de fraternité et d'amour, au sens de *l'agapê* notamment.

Nous percevons toutes ces beautés, ces musiques célestes au point d'en être parfois surpris, voire étourdis. Elles nous semblent même venir d'un autre monde. Les penseurs spiritualistes – à la manière de BERGSON ou JANKÉLÉVITCH – diraient qu'elles relèvent de « l'élan vital » de la Nature.

Parmi les mutations génétiques qui ont accompagné l'émergence du vivant, celles qui permettaient à la vie de se poursuivre et de se complexifier se sont imposées peu à peu. Celles qui étaient mortifères se sont naturellement éteintes. C'est ainsi que l'élan vital s'est finalement inscrit dans le génome du vivant tel que nous l'observons aujourd'hui. Cela dit, les scientifiques du XXe siècle ont pris conscience de la complexité inouïe des phénomènes physiques impliqués dans cette structuration du vivant. Depuis les apports fondamentaux de DIRAC et FEYNMAN, on a en effet compris que cet élan vital s'est inscrit dans le génome *via* les potentialités prodigieuses de l'électrodynamique quantique. Chacun en est aujourd'hui convaincu, au moins pour tout ce qui touche à l'infrastructure biologique du corps : ses cellules, ses neurones, ses neurotransmetteurs, ses hormones, etc.

Si l'on s'entend donc généralement sur la définition du corps humain, il n'en est pas toujours de même sur celles de « l'âme » et de « l'esprit ». En ce qui concerne l'âme, la définition que nous avons implicitement adoptée jusqu'ici est de l'identifier au système complexe de l'inconscient et du conscient des émotions du corps neuronal. L'esprit est alors ce qui relèverait des dynamiques de pensée hypercomplexes de tous ordres qui nous permettraient parfois d'accéder aux grâces subtiles de l'Être (tel que nous l'avons défini dans l'avant-propos de cet essai). Cet esprit-là, à ne pas confondre avec l'intellect en rapport, qui relèverait de l'approximation neuronale du corps pensant, serait plutôt une sorte de « bioluminescence de l'âme », ce qui n'est pas pour nous une mince affaire. Cela dit, sans les infrastructures du corps, qui ne sont pas toujours très attrayantes,[4] il n'y aurait bien sûr ni âme, ni possibilité de perception de l'esprit.

Les scientifiques s'accordent aujourd'hui sur le fait que les systèmes du vivant, notamment, sont d'autant plus imprévisibles et surprenants qu'ils sont complexes. Il n'y a donc plus d'opposition fondamentale entre spiritualité et matière,

---

4. C'est une des raisons pour lesquelles les cathares ne pouvaient en aucune manière accepter l'idée de « l'incarnation du Christ » ; Jésus ne pouvait avoir un corps qu'en apparence. Devant un tribunal de l'inquisition, un avocat d'aujourd'hui aurait d'ailleurs pu plaider l'idée que les corps du vivant, en l'occurrence les tuniques de ces pauvres cathares comme celle de leur Christ, sont d'une densité très faible (comparée à celle des étoiles à neutrons par exemple). Les photons y balaient l'espace bien plus que les fermions.

à condition bien sûr d'entendre par matière ce qui relève des potentialités qu'offrent l'interaction entre fermions *via* les photons. Nous voulons dire par là que les représentations actuelles de la matière sont très éloignées de celles de l'atomisme de Démocrite.

2. Le monde vivant est-il beau ?

Pour poursuivre notre réflexion, considérons par exemple ce qu'un spiritualiste d'Occident et d'Orient tel que François Cheng pense de notre monde. Dans l'un de ses livres,[5] il dit notamment ceci :

> Sur les chemins de l'existence, nous nous heurtons à deux mystères fondamentaux, celui de la beauté et celui du mal. La beauté est un mystère car l'univers n'était pas obligé d'être beau. Or il se trouve qu'il l'est, et cela semble trahir un désir, un appel, une intentionnalité cachée qui ne peut laisser personne indifférent.
> *Il ajoute même plus loin* : à moins d'être de mauvaise foi, il faut bien admettre que l'univers vivant est beau.

Nous pouvons tous convenir de dire que le monde vivant est beau, mais sous réserve, bien sûr, de n'en retenir que ce qui nous semble tel. Nous dirons donc que François Cheng a chaussé de bonnes lunettes filtrantes ; et il n'est pas le seul ! Nombreux sont en effet les animateurs de documentaires divers qui s'enivrent de cette « beauté universelle » ; cela dit, quand ils nous parlent par exemple du sublime des écosystèmes naturels (qu'il faut bien sûr préserver), ils ont malgré tout beaucoup de

---

5. F. Cheng, « Cinq Méditations sur la mort. Autrement dit sur la vie », Ed. Albin Michel, 2013.

mal à nous cacher le coût exorbitant de cette beauté : la violence consubstantielle au vivant.[6] Et dans l'Ancien Testament déjà, ÉSAÏE (chapitre 11, verset 6) ne peut résoudre le problème qu'en rêvant d'un monde meilleur à venir :

> Le loup demeurera avec l'agneau, et le léopard gîtera avec le chevreau ; le veau, et le lionceau, et le bétail qu'on engraisse seront ensemble, et un petit enfant les conduira.

Les contes destinés aux enfants s'efforcent aussi de masquer cette violence. On les conditionne ainsi – pour le départ dans la vie – à ne point voir l'évidence. Ils ont finalement tout le temps d'y voir plus clair. Et puis enfin, pour survivre, qui n'a jamais chaussé de telles lunettes !?

Le monde végétal nous semble souvent plus beau que le monde animal ; il est en tout cas plus apaisant. C'est normal : son univers quantique est moins ambitieux que celui des animaux. D'ailleurs, le seul fait qu'on utilise ici le comparatif en dit plus long que tout discours sur ce point. Cela dit, des poissons somptueux des récifs coraliens, aux rats de nos égouts, ce qui nous inquiète le plus ce sont leurs yeux ; ils nous disent qu'il y a, sans savoir pourquoi, une impérieuse nécessité à maintenir leurs homéostasies respectives. Tout ceci est-il beau ? À chacun d'y songer et de réagir à sa manière ; mais selon nous, dans ses réalisations potentielles, l'Être aurait certainement pu faire mieux.

On s'accorde généralement à reconnaître qu'un daim est plus beau qu'un sanglier. Certains diront même qu'un beau

---

6. Dans la réserve naturelle de l'île EUROPA, Nicolas HULOT est même obligé d'en convenir explicitement. Vers la fin de son documentaire consacré à cet écosystème, Nicolas s'efforce de protéger des tortues vertes juste écloses en les portant de leur nid vers la plage ; mais la voracité des oiseaux, des frégates en patrouille, l'emportera finalement sur sa tendresse, d'où une tristesse bien perceptible dans ses propos.

cheval est plus beau qu'un bel homme, et ce, à tel point qu'on a finalement convenu de vêtir ce dernier au sens large, et donc pas seulement pour le protéger du chaud ou du froid ! On l'a en effet « civilisé » de multiples manières au point d'en faire un être « supérieur » pratiquement libéré de sa condition animale. En été, la plupart des êtres socialisés (non en rut primaire) détourneront ainsi instinctivement leur regard d'une plage réservée aux nudistes. C'est clair, voir l'homme dans toute sa nudité inquiète vraiment l'âme.

Tournons à présent notre regard vers les entrailles du vivant. Observons par exemple un lion en train de dévorer une gazelle ; à notre échelle, c'est horrible ! Des millions d'années d'évolution et de souffrances pour en arriver à ces entrailles-là, les nôtres en fait ! Non ! Alors, zoomons un peu la scène. À l'échelle millimétrique, c'est déjà plus acceptable, et à l'échelle nanométrique c'est presque superbe : une belle architecture quantique est simplement en train de se défaire à son rythme. L'élégante beauté de la gazelle l'emporte bien sûr sur ce qu'évoque pour nous l'apparence d'un rat. Mais à l'échelle nanométrique, au royaume des fermions et des photons, n'y aurait-il pas une beauté universelle du vivant ?

La réaction de la plupart des scientifiques serait alors la suivante. Certaines réalisations de l'électrodynamique quantique sont somptueuses et d'autres, les plus nombreuses, le sont moins. Par exemple, l'organisation des diverses molécules impliquées dans le parfum de la lavande est prodigieuse ; celle des odeurs nauséabondes, comme l'odeur d'œuf pourri de l'hydrogène sulfuré (H_2S), l'est moins.

Quant à la dynamique du vivant que faut-il en penser ? Est-elle belle ou non ? Dans certaines conditions, un radical méthyl CH_3 viendra se fixer dans une zone de l'ADN, d'une belle manière, en activant une potentialité positive du génome (voir la section 3 du point 5). Dans d'autres situations, ce même radical viendra, en se fixant ailleurs, annihiler certaines défenses immunitaires ou bloquer même certaines potentialités d'évolution.

D'une façon générale, certaines réactions chimiques iront ainsi dans le sens de ce que nous percevons comme étant le Beau (et le Bien), et d'autres, dans le sens de ce que nous disons s'apparenter au laid (et au mal). Avec les mêmes ingrédients chimiques, on peut ainsi faire advenir un magnifique feu d'artifice ou une explosion catastrophique. En résumé, le Beau et le Bien, comme le laid et le mal, sont des produits de l'électrodynamique quantique. Mais comme les réalisations de cette dynamique ne sont pas binaires, les produits du vivant ne se classent pas en deux catégories, celle du Beau (et du Bien) d'un côté, et celle du laid (et du mal) de l'autre.

3. Y a-t-il une intentionnalité cachée ?

Venons-en maintenant à l'intentionnalité cachée dont parle François Cheng ; Jean d'Ormesson, par exemple, partage ce point de vue. Dans l'un de ses livres,[7] l'un des chapitres a en effet pour titre Il y a au-dessus de nous comme une puissance inconnue. Le « comme » de cette assertion est d'une grande finesse d'esprit ; Jean d'Ormesson se protège ainsi de tout anthropomorphisme ; autrement, le postulat en amont serait qu'il y aurait eu création du fait d'une entité intelligente extérieure. Cela dit, son assertion peut aussi accréditer l'idée

---

7. J. d'Ormesson, « Je dirai malgré tout que cette vie fut belle », Gallimard, 2016.

que la Nature serait une réalisation aléatoire puissante de l'Être tel que nous l'avons défini dans l'avant-propos de cet essai.

Pour la plupart des physiciens, la Nature est une substance ontologiquement inaccessible ; ses manifestations sont bien sûr en perpétuelle métamorphose. Le fait que dans la phase de transition chaotique de notre « Big Bang », elle ait adopté certaines structures mathématiques particulières, simples et stables (notamment celles de l'électrodynamique quantique, qui ont rendu la vie possible), ne signifie pas pour autant qu'elle soit une réalisation parfaitement réussie des potentialités de l'Être (voir la note 5 de bas de page du point 3). Tout semble indiquer, au contraire, que sa dynamique événementielle est globalement brouillonne et hasardeuse. De plus, ce n'est pas l'économie des moyens qui la caractérise : elle n'est pas très écologique !

En résumé, les rares succès de sa dynamique nous font trop souvent oublier ses innombrables échecs. Et TEILHARD de CHARDIN, voulant comme toujours concilier l'inconciliable, en vient même à dire[8] : « Créer n'est pas une petite affaire pour le Tout-Puissant, une partie de plaisir. C'est une aventure, un risque, une bataille où il s'engage tout entier. »

4. Promouvoir des alliances harmonieuses

Pour que le beau et le bien puissent advenir et prospérer, voire l'emporter, il faut que soient rassemblées des conditions de partenariat et d'échange assez subtiles, et donc difficiles

---

8. M. SCHMITZ, « Teilhard de Chardin », Ed. EDILIVRE-APARIS, 2014.

à réaliser et à maintenir en pratique. Pour ce qui est de l'espérance, il faut donc laisser du temps au temps.

Les sociétés qui se développent sur la base d'alliances peu harmonieuses font long feu, et ce, pour les mêmes raisons qui font que certaines structures chimiques trop fragiles ne durent qu'un temps très court. Leurs alliances structurelles pour les premières, ou leurs liaisons chimiques pour les secondes, sont fondamentalement instables. On peut ainsi conjecturer par exemple qu'avant l'apparition des bactéries et des eucaryotes, d'autres formes de vie ont essayé d'advenir et ont avorté pour des raisons de ce type.

De même, les sociétés qui prônent un libéralisme effréné courent inévitablement à leur perte. Les régimes théocratiques, religieux et/ou totalitaires, qui sont fondés sur des dogmes intangibles, sont aussi condamnés à moyen terme, sans appel.

Mettre en place des alliances harmonieuses, c'est identifier en chacun de nous, en chaque communauté, en chaque culture, en chaque civilisation, ce qu'il y a de meilleur, et en faire émerger, grâce l'alchimie de l'échange et du partage, des fictions encore plus prodigieuses. C'est donc retenir ce que l'élan vital (au sens qui vient d'être esquissé) a fait de mieux jusqu'à présent dans la diversité des âmes et la pluralité des spiritualités, des arts et des sciences. Penser ainsi, c'est bien sûr croire pouvoir juger du caractère plus ou moins harmonieux des réalisations du vivant ; c'est donc postuler qu'il existe une hiérarchie dans ses « productions ». Même s'il peut subsister des désaccords sur l'ordre de cette hiérarchie, elle semble exister, dans les potentialités de l'Être, en dehors de toute subjectivité. Comme nous l'avons déjà précisé au point 6, il n'est donc pas question de considérer, dans une attitude relativiste[9] politiquement correcte, que tout se vaut ou se vaudrait. En d'autres termes, on peut bien sûr se tromper dans l'appréciation de ce qui est harmonieux et de ce qui l'est moins, mais selon nous cette hiérarchie existe bel et bien.

Au lieu donc de nous confronter dans des compétitions stupides, ou de nous étourdir dans des gesticulations diverses et des violences absurdes, nos patrimoines culturels devraient nous inciter, au contraire, à réfléchir et œuvrer ensemble en profondeur. Cela dit, pour que des liens harmonieux aient le temps de se tisser et d'imprégner la mémoire du vivant, il faut évidemment se protéger, dans la durée, des violences intempestives de certaines réalisations catastrophiques du vivant, comme celles des régimes totalitaires (religieux ou autres). C'est donc en agissant ainsi, dans tous les domaines, avec perplexité, vigilance et sagesse, que notre aventure existentielle pourrait se poursuivre vers des horizons plus lumineux (ou en tout cas moins sombres). Encore faut-il bien sûr que notre biosphère ne soit pas trop affectée par des phénomènes naturels extérieurs qui conditionnent aussi notre survie en son sein.

9. C'est-à-dire relevant de la philosophie du « relativisme », un mouvement de pensée qui n'a bien sûr rien à voir avec la relativité en physique.

▰ Point 9

Croyances et spiritualité

S'il est une question typiquement mal posée c'est bien celle-ci : croyez-vous en Dieu ? En effet, qu'est-ce que signifie « Dieu » pour les interlocuteurs concernés ? Il est en effet important de savoir ce que signifie Dieu pour celui qui pose la question. Quant à la question de croire, non seulement elle nous interroge implicitement sur la nature dudit Dieu, mais encore sur ce que l'on peut bien entendre par exister ; car chaque fois que l'on se représente quelque chose en tant qu'elle existerait, on se rend presque toujours compte, en affinant l'observation, que ce qui se manifeste en définitive ne correspond pas à l'idée qu'on s'en faisait ou à ce qu'on imaginait. C'est par exemple le cas pour l'atome, qui signifie étymologiquement « ne peut être coupé ». Or les atomes ne sont pas indivisibles ; ils sont constitués de particules subatomiques diverses : des électrons et des quarks en interaction via des bosons. Mais cela dit, dans ce monde-là, la question de la « séparabilité » ne pose plus en termes classiques ; voir notamment la note 4 de bas de page du point 2 ainsi que la section 1 du point 3.

Pour essayer de clarifier la discussion sur ce que signifie Dieu, nous serons conduits à parler notamment d'un Dieu qui serait un « créateur » à l'image transcendée de l'homme et d'un autre qui serait un « grand horloger » aux harmonies de la Nature.

Cela dit, si Dieu était tout simplement le Principe de l'Être, c'est-à-dire « ce » qui fait être l'Être – sans qu'il y ait pour autant causalité, il serait fort malaisé de n'y point croire, car enfin, l'Être est, sinon, nous ne serions pas là, participant de l'Être, à nous questionner à son sujet. Et, bien entendu, « ce » qui fait être l'Être n'est en rien nécessairement une entité dotée d'intention reconnaissable ni observable. Ce Dieu-là est probablement le plus proche de celui de SPINOZA (« *Deus sive Natura* », Dieu, c'est-à-dire la Nature).

1. Un créateur à l'image transcendée de l'homme

D'autres que nous, ayant une définition du fameux Dieu beaucoup plus interventionniste et doté d'une volonté propre nettement identifiable, par exemple le Dieu du Talmud, de la Bible et du Coran, auront vite fait de cesser d'y croire dès lors qu'ils auront pris acte de certaines connaissances irréfutables concernant notamment la place de la Terre dans l'Univers, l'évolution de l'arbre du vivant sur des temps géologiques, les événements catastrophiques qui l'ont dramatiquement élagué plusieurs fois, la position des hominidés sur cet arbre, etc. C'est donc bien que dans nos civilisations d'aujourd'hui, certains aient ainsi pu se libérer enfin des croyances d'antan ; mais fort heureusement, la spiritualité est bien loin de se limiter à la crédulité naïve.

Dans l'Ancien Testament, ce Dieu-là est de toute évidence une « image patriarcale transcendée » de l'homme. Et comme le disait si bien VOLTAIRE « Si Dieu nous a fait à son image, nous le lui avons bien rendu ».

À bien des égards, le Nouveau Testament est pour les humains révolutionnaire par rapport à l'ancien. On peut même dire que Jésus a « désacralisé » l'accès à la spiritualité. Dans son environnement culturel et cultuel, elle était en effet réservée aux herméneutes de son temps : les grands-prêtres de la religion israélite ancienne. Et comme tous ceux qui font avancer les choses en ce monde, Jésus en a payé le prix fort !

Cela dit, que penser par exemple de la parabole des « oiseaux du ciel » ? Selon l'évangile de saint Matthieu (chapitre 6, verset 26), Jésus aurait invité ses disciples à ne pas thésauriser :

> Regardez les oiseaux du ciel : ils ne sèment ni ne moissonnent, et ils n'amassent rien dans des greniers ; et votre Père céleste les nourrit. Ne valez-vous pas beaucoup plus qu'eux ?

En évitant notamment toute anxiété du lendemain, cette sagesse nous propose de vivre à la surface du vivant comme un oiseau dans sa canopée. L'aspiration profonde de Christian BOBIN à « la gaieté des écureuils et des anges » relève aussi de cet état d'âme (sinon d'esprit). C'est merveilleusement poétique et socialement instructif, mais qu'en est-il vraiment sur le fond ? Chacun sait combien les oiseaux sont craintifs et doivent souvent se battre pour survivre. Comme leurs très lointains ancêtres dans la famille des dinosaures théropodes, ils n'échappent en rien à la violence consubstantielle au vivant. Et enfin, en quoi les humains ont-ils plus de « valeur » que les oiseaux ? En fait, Jésus se réfère là, implicitement, à la seconde injonction du verset 28 (du premier chapitre) du Livre de la Genèse :

> Soyez les maîtres des poissons de la mer, des oiseaux du ciel, et de tous les animaux qui vont et viennent sur la Terre.

Les représentations de la Genèse dans la Torah étant de cet ordre, comment Jésus aurait-il pu voir le vivant comme nous le percevons aujourd'hui ?

Quant à la question du « salut » par exemple, une question oh ! combien débattue dans les communautés chrétiennes, de quoi s'agit-il ? Arracher les chrétiens au mal pour les faire passer à un état de bonheur sans fin dans un monde renouvelé ? C'est en tout cas la prédication de Jésus et de ses apôtres : accepter l'évangile c'est recevoir le salut, le refuser c'est périr ! Mais de quel mal s'agit-il d'être sauvé ? Et où sont les animaux dans ce questionnement ? Le mal et sa violence étaient là dans le vivant depuis des millions d'années, bien avant que n'émerge péniblement l'homo sapiens ! Jésus l'ignorait bien sûr. Mais pour les chrétiens d'aujourd'hui, s'agirait-il de greffer un « sens profond » sur notre pauvre condition animale ? À bien des égards, ce rêve angélique, potentiellement dangereux, s'est avéré vraiment l'être (voir par exemple la section 5 du point 7). Mais dans le contexte de l'époque, où on lapidait volontiers les femmes adultères, Jésus (comme l'apôtre Paul notamment) ne pouvait aborder ces questions qu'en humaniste idéaliste. Il était en effet grand temps de commencer à se mettre à la place des autres, avec bien sûr tous les risques d'erreur d'une telle attitude si l'on venait à en abuser...

La question de l'existence de ce Dieu-là dépasse bien sûr tout le mal qu'on peut penser de toutes les religions institutionnalisées. Commentons par exemple ce qu'a dit DIRAC sur ce point au congrès de Solvay en 1927 :

> Je ne comprends pas pourquoi nous perdons du temps à parler de religion. Si nous étions honnêtes – et les scientifiques se doivent de l'être – nous devrions alors admettre que la religion est un fatras d'assertions inexactes, qui ne reposent sur aucune base dans la réalité. L'idée même de

Dieu est un produit de l'imagination humaine. Il est tout à fait compréhensible que des personnes primitives, qui étaient bien plus exposées aux forces écrasantes de la nature que nous le sommes aujourd'hui, aient dû personnifier ces forces en peur et tremblement. Mais de nos jours, puisque nous comprenons tant de processus naturels, nous n'avons pas besoin de ces solutions. Je ne vois absolument pas en quoi le postulat d'un Dieu tout-puissant nous aide en quoi que ce soit. Ce que je vois c'est que cette hypothèse mène à de tels questionnements stériles comme pourquoi Dieu permet autant de misère et d'injustice, l'exploitation des pauvres par les riches et toutes les autres horreurs qu'Il aurait pu empêcher. Si la religion est toujours enseignée, ce n'est pas du tout parce que ses idées nous convainquent encore, mais simplement parce que certains parmi nous veulent garder la classe populaire en silence. Des gens silencieux sont bien plus faciles à gouverner que les vociférants et insatisfaits. Ils sont aussi plus facilement exploitables. La religion est une sorte d'opium qui permet à une nation de se bercer elle-même de doux rêves et d'oublier les injustices qui sont perpétrées contre les gens. D'où l'alliance rapprochée de ces deux grandes forces politiques, l'État et l'Église. Les deux ont besoin de l'illusion qu'un gentil Dieu récompense, au Paradis si ce n'est sur Terre, tous ceux qui ne se sont pas levés contre les injustices, qui ont accompli leur devoir silencieusement et sans plaintes. C'est précisément pourquoi l'honnête assertion qui veut que Dieu soit un simple produit de l'imagination humaine est marquée comme le pire des péchés mortels.

Cette pensée de DIRAC nous renvoie aux grandes considérations communes aux courants marxistes et proudhonistes, communistes et anarchistes classiques : opium du peuple, ni Dieu ni Maître, etc. Elle nous invite donc à lutter contre les vendeurs de boniments qui nous parlent encore de Dieu ; d'où l'analyse par ailleurs très pertinente de l'instrumentalisation de la crédulité en vue d'aliéner les faibles aux forts.[1]

Mais c'est oublier un peu vite qu'il y a, dans les structures mêmes de la psyché, des dispositions naturelles à la spiritualité. Aux dernières nouvelles des neurosciences, ces dispositions de notre univers mental résulteraient de l'évolution de l'homo sapiens sur au moins 300'000 ans. Les humains qui ont commencé à prendre conscience de la violence de la vie et de leur environnement ont fait germer ces « systèmes spirituels » dans leurs cerveaux ; et chez les femmes en particulier en raison du soin qu'elles devaient porter aux enfants. De cette simple observation, on peut même conjecturer qu'en moyenne, les femmes ont davantage de dispositions pour la spiritualité que les hommes. Ces systèmes se sont souvent transmis à leur ADN par des mécanismes subtils de l'épigénétique. Ces humains-là auraient eu moins de difficultés à survivre. Ceci expliquerait qu'aujourd'hui encore, certains en sont mieux pourvus que d'autres.

Dans les années 1980, en stimulant avec de faibles champs électromagnétiques le lobe temporal du cerveau d'une centaine de personnes, Michael PERSINGER[2] a réussi à induire chez près

---

1. Quand – en 1927 – DIRAC s'inquiète ainsi des relations entre l'État et l'Église, les négociations entre le pape Pie XI et Mussolini, qui aboutiront en février 1929 aux accords du Latran, sont engagées depuis un an environ. Dans le cadre de ce concordat, où le catholicisme est reconnu comme la seule religion de l'État italien, l'enseignement religieux catholique devient obligatoire à tous les niveaux scolaires. Il faudra attendre l'accord conclu entre l'Italie et le « Saint-Siège », 55 ans plus tard, pour qu'il n'en soit plus officiellement ainsi.

2. Ces expériences ont donné lieu à des controverses scientifiques ; voir notamment St-PIERRE LS, PERSINGER MA, "Experimental facilitation of the sensed presence is predicted by the specific patterns of the applied magnetic fields, not by suggestibility: re-analyses of 19 experiments," International Journal of Neuroscience 116 (9): 1079–96, 2006.

de 80% d'entre eux des ressentis mystiques, le sentiment d'une présence ou d'une vérité universelle associée à un grand bien-être. Ces ressentis variaient bien sûr suivant la culture ou la religion de ces personnes. Ils parlaient alors de Dieu ou de Bouddha, ou encore d'une présence en harmonie totale avec l'Univers, bref d'une grande et belle élation. PERSINGER en était même arrivé à penser qu'il était fort probable que les figures les plus exaltées des grandes religions (Mahomet, Bouddha, Moïse, Paul sur le chemin de Damas, etc.) aient pu souffrir d'une forme d'épilepsie au niveau du lobe temporal.

De même, dans une étude publiée en 2001, Andrew NEWBERG[3] a montré qu'au moment d'atteindre le pic de leur transe méditative, le cerveau des moines tibétains de son étude montrait une augmentation d'activité dans le lobe préfrontal droit ainsi qu'une diminution d'activité dans le lobe pariétal. Or, ce lobe frontal est notamment impliqué dans la planification et l'attention. L'augmentation de son activité pourrait donc refléter la nécessité, dans la méditation bouddhiste, de se concentrer intensément sur une pensée ou un objet. Quant au lobe pariétal, l'une de ses fonctions importantes est de permettre à l'individu de se situer et d'évoluer dans l'espace. Son silence anormal lors de la méditation serait donc en accord avec le sentiment rapporté par ces moines de « dissolution du moi » et d'unité avec le reste de l'Univers. Enfin, l'augmentation d'activité observée dans le système limbique, fortement lié aux émotions, contribuerait au sentiment de bien-être associé à ce sentiment d'unité cosmique.

3. NEWBERG AB, ALAVI A, Baime M, POURDEHNAd M, SANTANNA J, d'AQUILI EG. Newberg AB, Alavi A, Baime M, Pourdehnad M, Santanna J, d'Aquili EG, "The measurement of regional cerebral blood flow during the complex cognitive task of meditation: A preliminary SPECT study," Psychiatry Research: Neuroimaging 106: 113-122, 2001.

En 2006, NEWBERG[4] a mené d'autres expériences sur des pratiques religieuses où certaines personnes se mettent à parler dans des langues que nul ne comprend et qui ne seraient compréhensibles que de Dieu seul et de ses anges : la glossolalie. Ces pratiques sont liées à certains cultes religieux et spirituels, ceux notamment des chrétiens qui s'inscrivent dans une certaine tradition charismatique comme les pentecôtistes par exemple ; ils y voient là une manifestation du « Saint Esprit », et désignent ce « don » comme étant celui du « parler en langues ». Dans les états de conscience modifiés des cinq personnes qui ont fait l'objet de son étude, NEWBERG a observé une diminution de l'activité des lobes frontaux. Ceci pourrait donc être à l'origine de la perte de contrôle absolument nécessaire pour l'expression spectaculaire de la ferveur mystique durant la glossolalie.

Des états plus critiques encore nous informent aussi sur les potentialités d'élation de nos cerveaux. Par exemple, une neurobiologiste américaine racontait comment, victime d'une hémorragie cérébrale, son âme et son esprit flottaient librement. La perception habituelle des contraintes de sa présence au monde s'était complètement évanouie. Elle s'était ainsi trouvée dans un état de conscience spirituellement délicieux. Puis tout était revenu dans l'ordre après le traitement de cette hémorragie.

Ce qu'il faut retenir de ces recherches en neurosciences et des observations en rapport, c'est que les diverses formes de bien-être, d'extase et d'élation, qui pourraient être développées par certaines pratiques mystiques, ne peuvent qu'interpeller les adeptes des religions correspondantes. La « tentation de la foi » en leurs croyances est bien sûr très forte, mais qu'en est-il du

---

4. NEWBERG AB, "Tongues on the Mind," Science, November 10, 2006.

bien-fondé des expressions dogmatiques de leur spiritualité ? N'y aurait-il pas là que des histoires fabuleuses relevant de l'imaginaire doctrinal de ceux qui ont fondé et structuré leurs religions ?

Ce qui résulte finalement de toutes ces réflexions peut s'exprimer très simplement *via* le dicton populaire : « Il ne faut pas jeter le bébé avec l'eau du bain ». Le bébé serait alors la spiritualité (*l'agapê*, la poésie, la musique, les arts en général), et l'eau du bain : la violence des représentations infondées de ceux qui parlent de spiritualité et même parfois en suscitent l'éveil.

Les réalisations musicales et architecturales des arts religieux, notamment, quelles que soient d'ailleurs les tribulations qui les ont motivées, en disent plus que de longs discours sur ce point. Les dispositions spirituelles en rapport sont le terreau de tous les arts, dons et talents dignes de ces noms-là. Considérer que cette spiritualité ne plongerait pas ses racines dans l'animalité de notre condition humaine serait objectivement un déni de ce que nous sommes vraiment au sein de la Nature. Il nous reste malgré tout le droit de penser que « l'effluve de cette spiritualité » permettrait d'entrevoir parfois, en fait très rarement, certaines potentialités fabuleuses de l'Être.

Les églises, temples, synagogues et mosquées pourraient donc devenir peu à peu des lieux de réflexion, de questionnement et de manifestations culturelles de qualité ; chacun pourrait ainsi se recueillir et ressourcer sa spiritualité. On renoncerait ainsi, à tout jamais, sans tristesse ni regret, à l'espérance contenue d'un sens plus profond ; resterait seulement son ombre bienfaitrice, douce et paisible.

2. Un grand horloger aux harmonies de la Nature

Plus tard dans sa vie, l'opinion de Dirac à propos de l'idée de Dieu fut moins mordante. En mai 1963, dans un article de la revue Scientific America, il écrit :

> Il semble que ce soit une des caractéristiques fondamentales de la nature que les lois physiques fondamentales soient décrites en tant que théories mathématiques de grande beauté et puissance ayant besoin d'un niveau assez élevé en mathématiques pour les comprendre. Vous pourriez vous demander : pourquoi la nature est bâtie de cette façon ? Nous pouvons seulement répondre que notre savoir actuel semble indiquer que la nature est bâtie ainsi. Nous avons tout simplement à l'accepter. On pourrait peut-être décrire la situation en disant que Dieu est un mathématicien de premier ordre, et qu'Il a utilisé des mathématiques très avancées pour construire l'Univers. Nos faibles entreprises en mathématiques nous permettent de comprendre un peu l'Univers, et au fur et au mesure que nous développons des mathématiques supérieures, nous pouvons espérer mieux comprendre l'Univers.

Cette pensée de Dirac est d'une toute autre nature que celle que nous avons déjà commentée ; elle est beaucoup plus humble, incertaine et donc plus sage.

Elle fait néanmoins un peu écho à l'assertion anthropomorphique de Voltaire : « Il n'y a pas de montre sans horloger ». Elle rejoint aussi celle des spiritualistes dont nous avons déjà parlé au point 8. La violence du vivant, notamment, serait alors aux harmonies du monde ce que l'accord de septième dominante est à l'accord parfait ; les dissonances du premier se résolvent harmonieusement dans les fréquences harmoniques du second : sa fréquence fondamentale et ses trois multiples. On retrouverait donc là le point « Oméga » de la pensée de Teilhard de Chardin : son « Christ cosmique ».

Nous aurions plutôt tendance à penser que la Nature, celle issue du chaos de notre « Big Bang », n'est qu'une réalisation parmi beaucoup d'autres des potentialités de réalisation de l'Être ; nous conjecturons ainsi que ses structures mathématiques ne sont pas à toute la hauteur de celles de l'Être. Pour les néo-cathares d'aujourd'hui, Satan (le créateur du monde) serait donc un piètre mathématicien.

Point 10

Agir dans une fraternité de l'inabouti

Indiquons tout d'abord ce que nous entendons ici par « fraternité ». Comme nous l'avons précisé aux points 1 et 2 notamment, il est clair que le sens émerge de la complexité du vivant. Il en est donc de même en particulier de la fraternité, et ce, dans ce qu'elle a de plus profond et de plus intime. Essayons d'approfondir cet aspect très subtil de la chair du vivant.

Selon SPINOZA, « Nous nous croyons libres parce que nous ignorons les causes qui nous déterminent » ; libres par exemple d'éprouver de l'empathie ou de l'aversion pour quelqu'un. Avec BOHR, l'un des pères fondateurs de la physique quantique, nous dirions plutôt aujourd'hui : nous nous croyons libres parce que nous ignorons « les causes floues » qui nous « détermine-raient ». En effet, c'est ce qui semble résulter des expériences qui confirment le principe de superposition des états physiques « quantiquement » possibles. Comme nous l'avons vu au point 5, ce principe permet de mieux appréhender, en parti-culier, la texture profonde du vivant.

En clair, BOHR aurait raison, alors que SPINOZA aurait une perception un peu trop déterministe des choses du monde. Cela dit, EINSTEIN aurait pensé de même sur ce point ; rap-pelons ce qu'il disait au congrès de Solvay en 1927 : « Dieu ne joue pas aux dés ». Quoiqu'il en soit, l'essentiel est de recher-cher, autant que faire se peut, ces causes qui nous détermineraient, notamment dans notre empathie pour certains. Or, c'est loin d'être simple pour au moins deux raisons.

Tout d'abord, on ne sait pas aujourd'hui quelles seraient les équations qui permettraient de modéliser le comportement d'un système biologique aussi élémentaire fût-il que celui d'une simple cellule de vie, végétale ou animale. Et enfin, même si on parvenait à le faire, on sait déjà d'expérience que les solutions de cette équation seraient très sensibles aux contraintes imposées audit système dynamique.

Il semble donc impossible *a priori* de réfléchir vraiment sur la raison des affects et l'affect de la raison. Et pourtant, nous serions alors au cœur même de l'intime de l'affect de la fraternité et de la force de sa raison ! Il n'est donc pas surprenant, que dans le concept du Vivre ensemble, la fraternité ait une « signification flottante » qu'il n'y aurait pas lieu de préciser. À notre échelle, on y perçoit sans doute un lien flou d'une essence chaleureuse dont il faudrait préserver le mystère.

1. Solidarité et fraternité

Penser la fraternité nous conduit tout d'abord à nous pencher sur « la manière d'être de la société ». Des philosophes, comme Bruno Mattéi par exemple, ont ainsi compris (et ce, depuis longtemps) que la fraternité signifie bien autre chose que la solidarité.[1]

La solidarité fait référence, étymologiquement, à la notion de solide. Elle nous parle d'interactions qui maintiennent certaines entités ensemble, mais de façon assez rigide. Par exemple, dans le diamant, chaque atome de carbone est lié à quatre

---

1. B. Mattéi, « Envisager la fraternité », Revue Projet (n° 330), 2012/5, pages 66-74.

autres ; aucun de ses électrons n'est libre. Par là même, il ne peut conduire que faiblement la chaleur ; il est beau mais froid. Chez les humains, on pourrait donc dire que la solidarité maintient la cohésion d'un groupe social de façon plutôt froide. Ces « interactions de solidarité », qui sont de natures diverses, sont fréquentes, même si elles sont plus ou moins tièdes.

D'autres interactions, moins fréquentes, font entrer en résonance, ou révèlent plus intimement les potentialités des parties mises ainsi en relation. Par exemple, le caractère aromatique de la molécule de benzène résulte de « la manière ondulatoire quantique » dont les six atomes de carbone et d'hydrogène partagent six de leurs électrons ; voir la section 1 du point 3. Dans la représentation de cette molécule, on symbolise ce partage par un petit cercle que l'on place au cœur de sa structure hexagonale. On pense alors par exemple à la « circularité de *l'agapê* » de la peinture murale de La Cène de Léonard de VINCI.

En physique quantique, il ne peut y avoir résonance sans qu'il y ait interaction. Cela dit, une interaction qui assure la cohésion d'un ensemble n'implique pas nécessairement que ses éléments soient entrés en résonance au point d'avoir engagé une danse « chaleureusement parfumée ». Il n'est donc pas surprenant que chez les humains notamment, la solidarité n'implique pas nécessairement une fraternité digne de ce nom et une action chaleureuse en rapport. En revanche, la fraternité implique nécessairement des liens d'association solidaire.

Il est important à présent de faire la différence entre la fraternité qui est au cœur de tout système de vie, l'intra-fraternité, et celle qui exprime les potentialités croisées de ces systèmes : l'inter-fraternité.

2. Intra-fraternité

Commençons donc par la fraternité chaleureuse qui anime tout « système dynamique » de vie. Cette intra-fraternité définit un bien local, une niche écologique, une famille (au sens large), qui contribue simplement à la survie, au développement et à l'épanouissement des éléments dudit système dans ses « limites interactionnelles ».

Pour clarifier ce point, considérons par exemple la fraternité religieuse (au sens étymologique du terme) qui rassemble la communauté monastique œcuménique de Taizé en Bourgogne. Ses limites interactionnelles sont celles qui résultent de la vision du monde que partagent ses membres, vision qui ne cadre pas, à bien des égards, avec ce qu'est l'humain dans la Nature.

Pour étayer ce point, examinons par exemple les circonstances dans lesquelles son fondateur, le frère Roger, a été poignardé le 16 août 2005 lors de leur prière du soir. La meurtrière, *Luminata Solcanu* (d'origine roumaine), souffrait de troubles psychiatriques profonds, et avait été écartée de cette communauté au motif qu'elle manquait d'équilibre. En effet, dans la vision du monde de cette communauté, les hommes et les femmes disposent d'une conscience et d'un libre arbitre clair pour aimer sans limite un Dieu unique, bon et parfait, créateur de ce monde. Voilà essentiellement ce qui structure la confrérie en question. Et si le profil de l'un de ses membres venait par hasard à ne pas cadrer avec le profil type de l'humain ainsi défini, c'est que le mal, et donc Satan, serait passé par là. Mais force est de constater que l'humain, qui interagit notamment avec les milliards de bactéries qui l'habitent, n'est pas aussi simple. Il peut en effet arriver qu'un individu, assoiffé d'absolu dans un coin de son cerveau où règnent de sublimes « fraternités quantiques », soit en total déséquilibre dans un autre. Là, parce qu'il manque par exemple certaines protéines, d'autres fraternités ne peuvent opérer. Or ce sont ces dernières qui dans ce cas concourent avec beaucoup d'autres à l'émergence d'une conscience à peu près claire.

Ladite communauté s'est interrogée sur cette mort violente dans un texte intitulé « La mort de frère Roger, pourquoi ? »[2] La réponse était claire et limpide : « Frère Roger était un innocent pour qui les choses ont une évidence et une immédiateté qu'elles n'ont pas pour les autres ». Cette communauté a donc ainsi fourni une interprétation de l'assassinat, qui au lieu de remettre en cause ses principes fondateurs, était « instinctivement » utilisée pour « sacraliser » davantage encore leur valeur. Il en est souvent ainsi ! Les « fraternités claniques », font souvent de leur mieux et sont certes parfois utiles ; mais malheureusement, elles sont pour le moins fermées en prétendant bien sûr ne point l'être.

Ce qui, précisément, définit un groupe clanique, c'est qu'on y écarte tout ce qui pourrait ébranler les principes fondateurs autour desquels s'organise la fraternité en question. Les fraternités claniques entretiennent ainsi, souvent à leur insu, les germes de leur dislocation. De vrais frères peuvent être ainsi conduits à s'entre-tuer. Ainsi par exemple, le conflit qui déchire les peuples palestiniens arabes et hébreux est aujourd'hui l'horreur que l'on sait ; mais c'est essentiellement parce que leurs génomes (au sens large) sont proches ! L'objectif à très long terme ne serait donc pas de faire deux états en Palestine vivant en paix l'un à côté de l'autre, mais plutôt d'en faire un seul.

Plus généralement, considérons le cas où les potentialités d'un système dynamique de vie ne sont pas en situation de

---

2. Source internet à l'adresse WEB https://www.taize.fr/fr_article3786.html.

fraterniser avec celles d'un autre à proximité. Ces deux systèmes vont alors s'ignorer, ou si les rencontres sont inévitables, vont souvent engager un conflit qui peut potentiellement détruire l'un des deux, ou même les deux parfois. Les harmonies locales de l'un et de l'autre peuvent ainsi s'anéantir. Dans le cas d'une telle rencontre, le processus de vie échoue : l'entropie des deux systèmes s'est accrue : le bien de leur ordre s'est dissous localement dans le mal de leurs désordres de mort respectifs. D'ailleurs, si elle n'y prend pas garde, l'humanité pourrait ainsi disparaître à moyen terme. Mais la vie persévère, semble-t-il sans relâche, jusqu'à ce qu'elle prospère, c'est-à-dire jusqu'à ce qu'il y ait quelque part des potentialités inter-fraternelles que les rencontres pourront révéler et faire harmonieusement flamboyer. Poursuivons donc de façon positive vers l'inter-fraternité.

3. Inter-fraternité

Il peut arriver que chez les humains notamment, et au niveau civilisationnel en particulier, de fortes potentialités d'inter-fraternité soient complètement masquées par des incompatibilités aveuglantes liées aux représentations conceptuelles très différentes des choses de ce monde. On voit donc qu'à partir des fraternités locales qui structurent nos sociétés actuelles, il est urgent d'aller vers une mondialisation humaniste beaucoup plus fraternelle. Force est de constater en effet qu'on en est bien loin ! Et pourtant, c'est l'existence même de notre espèce qui est en jeu !

Les Sciences de la Vie et de la Terre (SVT) nous parlent des fraternités inconscientes qui structurent le vivant. Elles passent donc quelque part le relais aux sciences humaines en insistant sur ce que la conscience pourrait faire flamboyer au grand jour dans ce domaine. Elle incite chaque être humain à s'ouvrir aux potentialités des autres afin de mieux faire vivre le vivant, ou plus modestement, de le faire moins souffrir. Cette conscience est d'ailleurs d'autant plus belle qu'elle se sait « inaboutie ».

4. Une éthique du moindre mal

Nul ne peut surfer impunément sur les vagues du réel en faisant fi des lois qui régissent sa dynamique. Ainsi, quand une civilisation se construit sur des principes ou des valeurs qui sont en contradiction flagrante avec le réel de ce monde, il y a vraiment péril en sa demeure. Voilà pourquoi nos civilisations sont mortelles. Nos idées les plus généreuses ou les plus fantasques, et nos techniques les plus subtiles ou les plus efficaces, émergent bien sûr de la Nature, mais elles n'en sont bien souvent que des épiphénomènes. Les rochers du torrent ne perturbent qu'un temps la dynamique de son flux !

Ainsi par exemple, on peut penser que le chiisme de la république islamique d'Iran ne résistera pas longtemps à la puissance de la civilisation persane. Quant au wahhabisme de l'Arabie saoudite et ses variantes salafistes, on peut espérer que la civilisation des nomades du désert en oubliera bientôt toutes ses folies sanguinaires. N'avons-nous pas oublié celles de l'inquisition catholique romaine comme celles d'autres fondamentalismes religieux et politiques ? Non ! le Vingt-et-unième siècle ne sera pas religieux ; il sera attentif au mystère de l'Être ou il ne sera pas !

L'humanité devrait donc s'efforcer d'accéder peu à peu à des représentations plus savantes de la dynamique globale du

monde. Mais pour de multiples raisons, c'est loin d'être facile…
En attendant, une certaine « éthique du moindre mal » pourrait
guider nos pensées et peut-être fonder notre morale. L'objet
de cette section est d'essayer d'en définir l'esprit.

Il ne s'agit pas bien sûr d'être en admiration béate devant
tout ce que la Nature peut produire. Comme nous l'avons souligné à maintes reprises, elle pourrait n'être en effet qu'une réalisation très imparfaite des potentialités de l'Être. On ne peut
donc pas toujours lui faire confiance. Agissant en conscience,
les humains auraient donc la responsabilité d'atténuer les souffrances de ce qui vit, et de réfléchir plus généralement sur
l'éthique qui doit présider à toute manipulation du vivant.

Peut-on laisser venir au monde un enfant qui sera fortement handicapé ? Doit-on laisser les mutations génétiques au
hasard des particules cosmiques qui bombardent le génome ?
Certainement pas ! Mais inversement, peut-on faire confiance
à l'humain au point de le laisser modifier certains « points
chauds » du génome, voire modifier sa lignée germinale de
façon irréversible ? La réponse n'est pas simple. Certains travaux en embryogénie, effectués récemment aux États-Unis,
en Chine et au Japon notamment, montrent que cette problé-
matique de « l'humain réparé à l'humain augmenté » est vraiment d'actualité.

Et puis, il y a aussi et surtout l'épigénétique. Nous savons
en effet que des traumatismes divers, psychologiques notamment, peuvent perturber le génome. L'acquis, et donc les
conditions socio-économiques ainsi que l'éducation en particulier, conditionnent notre futur à ce niveau très profond.
La fraternité est donc impliquée, en conscience, dans un huma-
nisme profond et chaleureux toujours en devenir. C'est dire
notre responsabilité en la matière ! On ne peut plus laisser faire
la vie en regardant simplement, avec une religieuse ou

philosophique compassion, ses réalisations inacceptables, comme celle par exemple d'une femme à deux têtes sur un seul tronc.

Penser la fraternité, ou une fraternité dont les contours conceptuels resteront toujours flous, c'est d'abord l'ancrer sur ce que nous pouvons instinctivement ou laborieusement comprendre de la Nature, et non sur des idées reçues qui nous viendraient d'un autre monde par l'entremise des tables d'une quelconque loi révélée à qui de droit.

Ainsi par exemple, le droit à une euthanasie douce et paisible nous semble être un droit fondamental de l'être humain, même s'il est en bonne santé ; il y va de la dignité de sa condition. L'article 3 de la Déclaration universelle des droits de l'homme pourrait donc être amendé par exemple comme suit :

> Tout individu a droit à la vie, à la sureté de sa personne, à la liberté et, en particulier, à une mort paisible et assistée s'il en fait ou en a fait explicitement la demande.

S'excuser d'être présent au monde, sans bien-sûr en être responsable, est peut-être un premier pas vers la sagesse. Ce qu'en pensent les religions dominantes institutionnalisées, surtout dans leurs prises de position œcuméniques d'arrière-garde, ne devrait pas être pris en compte ; leurs représentations du monde sont en effet vraiment datées.

Dans son sens le plus profond, cette fraternité s'inscrit dans une certaine « morphologie du fatidique ». La génétique et l'épigénétique, comme bien d'autres facteurs, sont bien sûr impliqués dans cette morphologie, mais il ne saurait y avoir de réductionnisme en la matière. La fraternité est ainsi ouverte, tout en étant néanmoins contrainte par les potentialités de l'électrodynamique quantique au sein de notre biosphère. Même si ces potentialités sont objectivement considérables,

les choix et les évolutions possibles sont indéchiffrables ; elles sont ainsi canalisées sans qu'on sache trop comment.

Commençons donc par écouter ce que nous dit la Nature sur la conception et la venue au monde d'un nouvel être humain : c'est un bourgeon unique, sur le rameau des hominidés, d'une germination étrange qui a commencé, aux dernières nouvelles, il y a trois millions d'années environ. C'est une aventure en devenir, inaboutie s'il en est, même si elle est déjà prodigieusement élaborée. Elle nous dit aussi, par là même, que les potentialités d'un embryon humain et de l'enfant à venir ne sont pas celles d'un autre.

En principe, on devrait donc s'efforcer de faire en sorte que les « spectres[3] de potentialité » des uns et des autres soient les plus variés et les plus étendus possibles, uniques bien sûr, mais pas trop globalement inégaux *a priori*. Nous sommes bien sûr conscients des problèmes que pourraient soulever les possibilités de manipulation génétique en rapport. Qu'on ne nous accuse pas d'eugénisme ! Nous voulons simplement dire que participer à la conception d'un être humain est un acte gravissime d'une responsabilité écrasante.

Quels que soient les efforts que nous pourrions déployer pour corriger certaines erreurs grossières de la Nature, au niveau de l'inné et de l'acquis, il n'en demeure pas moins que toute réalisation du vivant est bien sûr hasardeuse, en devenir, et par là même inaboutie. Mais nous direz-vous, lorsque MOZART compose par exemple son concerto pour clarinette, une merveilleuse création des potentialités de son électrodynamique quantique, n'y a-t-il pas là chez lui du sublime, du complètement abouti ? Oui bien sûr, mais dans cette

---

3. La notion de « spectre » correspond ici, à nouveau, à celle utilisée en physique lorsque qu'on parle par exemple du spectre de la lumière solaire.

direction-là seulement des possibilités du vivant. Il y en avait d'autres où son cerveau était en déséquilibre, et où d'autres excellent. Et il en est de même pour bien d'autres génies qui fascinent nos imaginaires divers ; pensons par exemple au poète Arthur RIMBAUD, au physicien Ettore MAJORANA[4] et au mathématicien Alexandre GROTHENDIECK.

Pour faire flamboyer le Vivre ensemble, il s'agit donc de faire vibrer tous ces talents avec nos potentialités autant que faire se peut. C'est tout simplement ça la fraternité de l'inabouti ! Plus précisément, il s'agit par là de faire prospérer les potentialités humaines croisées qui naissent de nos rencontres diverses, qu'elles soient réelles ou virtuelles.

La fraternité dont il est question ici dépasse bien sûr les systèmes de pensée formels ou passionnels des uns et des autres au moment de ces rencontres. L'éducation se doit de lutter contre l'obscurantisme bien sûr, mais dans un esprit fraternel. Cela dit, la fraternité ne s'impose pas ; on ne peut que préparer les conditions de son éventuelle émergence ; c'est ce que l'on fait par exemple au Danemark en formant les élèves à l'empathie dès l'école primaire. On développe ainsi la faculté intuitive de se mettre à la place d'autrui et de percevoir ce qu'il ressent. Mais si les potentialités de l'un ne sont pas compatibles avec celles de l'autre, il va de soi qu'il n'y a pas de vraie rencontre fraternelle possible. Ainsi par exemple, on peut être fraternel avec ceux qui subissent un enseignement obscurantiste et ne

---

4. Ce physicien remarquable, d'un caractère hors du commun, a disparu soudainement au printemps 1938 à l'âge de 32 ans ; s'est-il suicidé ou exilé en Amérique du Sud ? Quoiqu'il en soit, il n'a plus donné signe de vie. FERMI a dit ceci de lui : « Dans le monde il y a plusieurs catégories de scientifiques : ceux qui font de leur mieux, et ceux, de premier plan, qui font de grandes découvertes, fondamentales pour le développement de la science. Et puis, il y a les génies, comme GALILÉE et NEWTON. Ettore était de ceux-là ».

pas l'être du tout avec les herméneutes des pouvoirs qui l'imposent et qu'il faut combattre sans merci.

Le concept d'une fraternité de l'inabouti nous est en fait dicté par l'observation de ce que la Nature fait de mieux. Il nous incite à promouvoir une liberté chaleureuse et généreuse, fondée sur une égalité altruiste toujours en devenir. Dans des conditions tragiques, cette fraternité a conduit certains êtres remarquables à se donner la mort ; oui c'est horrible, mais leurs vies se prolongent au plus profond de nos âmes. Nous gardons ainsi la mémoire de ceux qui se sont sacrifiés dans la lutte contre la barbarie nazie par exemple. La fraternité c'est donc aussi parfois « La vie que s'interdit la vie », le titre d'un recueil de poèmes de Réné NELLI.[5]

Plus modestement, « être fraternel » c'est souvent s'excuser de n'être que ce que l'on est, même si l'on est sans doute potentiellement davantage ; c'est donc le respect profond des potentialités des uns et des autres, au point même d'aller parfois les chercher au plus profond de leurs êtres.

Ainsi, quels que soient nos talents, voire nos vertus, que nous soyons vivants ou morts, nous sommes tous inaboutis. Nos saluts fraternels, réels ou virtuels, sont donc autant de signes de partage quant à l'incomplétude de nos chemins existentiels. Ces signes de compagnonnage signifient malgré tout que plusieurs cheminements valent mieux qu'un, même si l'on perçoit lucidement la vanité profonde de chacun d'eux. Nous agissons ainsi dans l'espérance contenue et réservée d'un meilleur devenir. Voilà donc ce qu'on peut appeler de façon positive « la fraternité de l'inabouti ».

Peut-on vivre et tenter d'être « ensemble » dans un monde dont nous ne connaîtrons jamais l'essence, le sens éventuel de

---

5. R. NELLI, « La vie que s'interdit la vie », Ed. Encres Vives (Colomiers).

sa « chose en soi » ? La réponse est assurément oui. Des représentations du monde, toujours plus affinées, devraient nous conduire peu à peu, après bien des crises, vers une humanité plus sereine ; une humanité éphémère certes, mais à l'abri (pour un temps) de la violence innée des lois de la Nature.

Vers la fin d'ÉLECTRE, une pièce de théâtre – oh ! combien tragique – de Jean GIRAUDOUX,[6] on trouve le beau dialogue suivant ; notre essai s'en fait simplement l'écho.

> *La femme Narsès* : Où en sommes-nous, ma pauvre Électre, où en sommes-nous ?
> *Électre* : Où nous en sommes ?
> *La femme Narsès* : Oui, explique ! Je ne saisis jamais bien vite. Je sens évidemment qu'il se passe quelque chose, mais je me rends mal compte. Comment cela s'appelle-t-il, quand le jour se lève, comme aujourd'hui, et que tout est gâché, que tout est saccagé, et que l'air pourtant se respire et qu'on a tout perdu, que la ville brûle, que les innocents s'entre-tuent, mais que les coupables agonisent, dans un coin du jour qui se lève ?
> *Électre* : Demande au mendiant. Il le sait.
> *Le mendiant* : Cela a un très beau nom, femme Narsès. Cela s'appelle l'aurore.

---

6. J. GIRAUDOUX, Électre, Ed. Grasset, 1967.

Printed in Great Britain
by Amazon

43808717R00068